권율 목사님은 국내뿐만 아니라 국외에서도 『연애 신학』의 베스트셀러 작가로 잘 알려져 있습니다. 이번에는 따뜻한 선교지 이야기가 담긴 『좌충우돌 선교지 방문기』로 독자들을 다시 만납니다. 이 책은 저자가 7년째 교수 선교사로서 현지 선교를 지원하는 사역을 잘 담아내고 있습니다. 또 현지 지도자를 세우는 코칭 사역의 내용을 진정성 있게 그려내고 있습니다. 교수 선교사의 목적은 그가 어디에 있든지 교회를 위해 훈련된 지도자들을 배출하고, 또한 미래 교회의 지도자들을 가르칠 수 있는 훈련된 지도자를 배출하는 것입니다.

저자는 이러한 선교적 신학을 누구보다 잘 이해하고 있습니다. 그래서 한국 교회와 그리스도인들이 선교지로 가는 것은 선교가 선택사항이 아니라 필수사항이라는 말인데, 이 사실을 저자가 직접 몸으로 보여 주고 있습니다. 네덜란드 선교 신학자 요한 바빙크(Johan H. Bavinck)는 성경 전체가 "선교지에 관한 책"(a book of mission field)이라고 말합니다. 이것은 『좌충우돌 선교지 방문기』에도 잘 녹아 있는 선교적 관점입니다.

저자는 선교를 위해 말씀에 이미 순응함으로써 여전히 선교적 상황에 놓여 있는 한국 교회와 그리스도인들에게 또다시 예수님의 지상명령 혹은 선교명령을 불러일으키고 있습니다. 이 책은 성경적이고, 선교 신학적이며, 실천적 통찰력의 넓이와 깊이가 있습니다. 더욱이 읽기 쉬운 문체로 되어 있어 모든 그리스도인의 마음을 따뜻하게 격려해 줍니다. 선교학 교수로서 『좌충우돌 선교지 방문기』를 모두에게 추천합니다.

이수환 박사 (성결대학교 선교학 객원교수, 수지더사랑교회 담임목사)

저자는 현지 선교사들의 신학교 사역에 협력하는 선교지원 사역자입니다. 비록 책 제목에 '좌충우돌'이라는 표현이 있지만 실제로 저자는 선교지를 잘 이해하고 있습니다. 특히 몽골과 필리핀의 두 신학교를 매년 방문하여 교수 사역을 지원하는데, 저자 자신의 경험을 생동감 있게 잘 표현하고 있습니다. 그래서 독자들은 이 책을 통해 저자의 선교적 마인드를 생생히 느끼며 선교지의 분위기를 경험할 수 있습니다.

무엇보다 이 책은 선교지 신학교를 폭넓게 이해할 수 있도록 친절하게 안내합니다. 저자가 직접 경험한 내용이 아주 구체적으로 묘사되어 있어, 독자들은 현지 신학교의 상황과 분위기를 마치 현장에 있는 것처럼 맛볼 수 있습니다. 상황을 세밀하게 묘사하는 저자 특유의 어법이 독자들에게 큰 감동을 자아냅니다. 선교지에서 살아가는 저도 이 책을 읽으며 다른 선교지의 상황을 상세하게 알게 되어 잔잔한 감동이 밀려왔습니다.

이 책의 가장 큰 특징은 저자의 선교지 체험 에피소드를 일기 형식으로 정리한 것입니다. 그래서 누구나 부담 없이 읽으며 선교지의 감동을 누릴 수 있습니다. 평소에 선교지에 관심이 없는 분이라도 저자의 글을 읽다 보면 자신도 모르게 선교지의 매력에 빠져들 것입니다. 갈수록 선교의 열정이 식고 있는 한국 교회에 또다시 선교의 동력을 불러일으키는 책이라고 믿습니다. 필리핀 현지에서 20년 이상 살아가는 선교사로서 모두에게 『좌충우돌 선교지 방문기』를 적극 추천합니다.

백현두 선교사 (필리핀 보홀장로교신학교 원장)

선교는 하나님 나라를 분명하고 철저히 지향하면서도 "갈 바를 알지 못하고"(히 11:8) 나아가는 불확실성의 여정입니다. 그 이유는 모든 정답이 들어 있는 지도나 친절한 내비게이션이 이 길을 이끄는 것이 아니라, 성경이 말하듯이 한 인격을 길로 삼아 그분을 따르고 닮아가는 것이 유일한 선교 여정이기 때문입니다. 이런 관점에서 선교의 동선은 분명한 목적지를 향한 '좌충우돌의 여정'이라고 할 수 있겠습니다.

주 안에서 사랑하는 동역자인 권율 목사님은 그야말로 탁월한 말씀 사역자입니다. 그러나 제가 보는 목사님의 '탁월함'의 핵심은 지식을 잘 전달하는 것에만 있지 않았습니다. 그토록 사랑하는 주의 말씀이 자신의 삶을 '이끌고 만들어 가는' 일에 전 인생을 걸고 철저히 맡기며 좇아가는, 한결같은 걸음이 제가 보는 그의 '탁월함'입니다.

가장 더운 곳과 가장 추운 곳을 오가며, 영어와 현지어와 모국어를 넘나들며, 피자와 콜라로부터 난생처음 먹어 보는 현지 음식을 다 소화해내며, 여러 돌발 사태와 장벽들을 넘고 부수는 그의 선교 여정입니다. 수많은 시행착오를 온몸으로 경험하면서도 하나님 나라의 완성을 향해 한눈 팔지 않고 돌진하는 '권율의 좌충우돌 선교 여정'에는 아직도 함께할 자리가 남아 있습니다. 이 자리에 여러분을 초대합니다!

(사)부산의료선교회 선교본부장 이혁진 (세계로병원 외과 전문의)

저자는 순수함과 열정이 가득 찬 사역자입니다. 선교지를 돕는 사역을 하며 다양한 경험을 하면서 선교에 대한 이해와 선교지에서 역사하신 하나님, 선교지에서 일어난 에피소드를 생생한 언어로 그려냅니다. 저자는 이 책을 통하여 우리에게 선교가 무엇인지를 쉽고 재미있게 알려주고 있습니다.

선교지에 가 보면 신학 교육을 어디서 어떻게 받았는지 모르는 사역자들이 교회를 개척하는 경우가 있습니다. 이런 사역자들은 얼마 지나지 않아 변질되기 마련입니다. 그런 모습을 보며 저자는 신학 교육과 영적 훈련이 그들에게 없었기 때문이라는 것을 인지합니다. 그래서 현지 신학교를 섬기며 순회 교수 사역의 최선을 다하는 모습은 무척 감동입니다. 무엇보다도 강의와 집회를 할 때 저자는 복음을 정확하게 이해하며 전하고 있습니다.

『좌충우돌 선교지 방문기』에서 저자는 복음에 대한 선명함을 이야기하고 있습니다. 지금은 우리가 복음의 선명함을 전해야 할 때입니다. 교회는 '하나님이 세상으로 파송한 선교의 도구'입니다. 단기선교를 준비하는 교회들과 선교사의 꿈을 품은 분들, 또 선교가 무엇인지 알고자 하는 분들에게 이 책을 꼭 추천하고 싶습니다. 선교를 어떻게 이해해야 하고 어떻게 해야 할지 알려주는 친절한 안내서입니다. 귀한 책이 세상에 나와서 참 기쁩니다.

정민교 목사 (흰여울교회 담임, AL미니스트리·AL-소리도서관 대표)

좌충우돌 선교지 방문기

좌충우돌 선교지 방문기

초판 1쇄 발행 2023년 12월 23일

지은이 권　율
펴낸이 민상기
편집장 이숙희
펴낸곳 도서출판 드림북
인쇄소 예림인쇄 **제책** 예림바운딩
총판 하늘유통

·**등록번호** 제 65 호 **등록일자** 2002. 11. 25.
·경기도 양주시 광적면 부흥로 847 경기벤처센터 220호
·Tel (031)829-7722, Fax(031)829-7723

권율 지음

차 례

을 맞으며 - 모든 것이 완벽하지만 - Loboc 강을 달리다 - 성경 구절이 부적(?) - 보홀에서의 설교 준비 - 예배 중에 임하신 성령 - 한국어로 진행된 예배 - 함께 나누는 저녁 만찬 - 뜨거운 기도가 있는 성령론 수업 - 하루 종일 강의, 또 저녁집회 - 마지막 수업 - 다시 가고픈 보홀장로교신학교

5. 추운 몽골 땅을 밟다(2020) • 101

추운 땅을 향하여 - 냉동 창고보다 더 추운 나라 - 동토에 임할 하나님 나라 - 신학교와 학생들의 근황 - 추위도 상대적인 개념 - 숙소 앞에서 미친 짓(?) 하기 - 나를 살게 하는 그 은혜 - 시간보다는 사건이 중요 - 역대급 점심시간 - 주기도문과 하나님 나라 - 솟구친 감격의 눈물! - 역시 사건 중심이 맞다 - MIU 카페에서 한 컷 - 대초원인가? 눈밭인가? - 현지 교회 방문 - 몽골의 최대 재래시장 - 휴대폰 분실 소동 - 마지막 강의 - 선교지일수록 성령의 역사! - 선교지에서 듣는 청년들의 소식 - 몽골 땅을 위한 기도

6. 필리핀의 또 다른 곳으로(2022) • 133

오랜만에 외국으로 - 새 소리에 눈을 뜨다 - 시원케 하는 폭포 - 내 마음은 호수요 - 빗소리에 행복을 삼키며 - 제대로 더위 체험 - 정말 '뜨거웠던' 강의 - 반응도 나름 뜨거웠던 강의 - 추워서 새벽에 깸 - 최선을 다한 주일설교 - 현지인 인터뷰 - 주일 식사교제 - 동네 꼬마 미녀들 - 마지막 강의 - 잠시 숨 돌리기 - 출국 준비 - 다음을 기약하며

7. 몽골 땅의 영혼들을 품고(2022) • 157

다시 몽골 땅으로 - 하나님의 카이로스 - '엄마'가 차려주는 밥 - 현지인들이 모시는 돌무더기 - 톨강에서 잠시 묵상 - 몽골교회 연애신학 세미나 - 카페에 들이닥친 불청객 - 드디어 첫 강의 시작 - 몽골 신학생들의 기도실 - 몽골 땅을 품는 밤 - 매일 아침에 시험치기 - 몽골에서 택시 타기 - 즉석 간증집회 - 피자 대접하기 - 하나님 나라와 대교리문답 - 울란바토르 밤거리 - 잠시 영어로 강의 - 마지막 식사(?) - 다시 테릴지로 - 내년을 기약하며

8. 제1기 단기팀과 함께한 보홀(2023) • 183

피에타스 제1기 단기선교 - 밤 비행기 안에서 떠오른 묵상 - 현지인들과 함께하는 주일예배 - 한인들과 함께하는 오후예배 - 찬양과 기도로 시작하는 세미나 - 보홀

SFC 큰모임 - 바른 신학이 중요! - 기도회 중에 임하신 성령 - 선교사님과의 대화 - 노방 전도 중인 팀원들 - 영적 전쟁을 치른 수요설교 - 신학생들과 뒷산 오르기 - 힐링이 있는 단기선교 - 행복감이 스며든 피곤 - 세부 공항에 도착 - 추운 한국으로 돌아오다

프롤로그

선교지원 사역을 시작한 지도 벌써 6년이 흘렀다. 선교지원 사역은 말 그대로 선교사들의 선교를 지원하는 사역이다. 따라서 나의 고유 사역은 없고 선교사들이 애쓰는 여러 사역에 힘을 보태는 차원이다. 선교사들은 해외에서 온갖 종류의 사역을 감당하며 살아간다. 현지 교회 개척은 물론, 의료 사역과 교육 사역, 문화 사역 등을 투철한 사명감으로 감당하고 있다. 그중에서 내가 지원하는 사역은 현지 신학교 교수 사역이다.

이 책은 2017년부터 올해까지 열한 차례에 걸쳐 선교지(몽골, 필리핀)를 방문하며 기록한 선교일기 모음집이다. 특히 선교지의 신학교에 교수 사역을 지원하면서 느끼고 깨달은 바를 진솔한 언어로 생생하게 담아냈다. 선교지에서 하나님이 어떻게 일하시는지 나의 눈으로 목격한 바를 구체적으로 정리하였다. 그리고 사진 자료를 첨부하여 당시 상황의 분위기를 이해하는 데 한층 도움이 되게 했다.

선교에 무관심자였던 내가 6년 전부터 해외 선교에 눈을 뜨게 된 것은 전적인 하나님의 은혜였다. 청년들을 데리고 몽골 단기선교에 임한 것이 계기가 되어 그 후로 선교지 신학교에 눈을 돌리게 되었다. 이제는 가족들과 함께 선교 마인드를 공유하며 주께서 허락하시는 날까지 계속 '선교지원 사역자'로 살아갈 생각이다. 신학교 교수 사역을 지원하다 보니 나름 '교수 선교사'로서의 입지를 굳히고 있다. 더욱이 의료 선교에 힘쓰는 부산 세계로병원의 원목으로 재직하면서 여러 모로 선교지원 사역에 도움을 받고 있다.

많은 성도들이 『좌충우돌 선교지 방문기』를 읽고 특히 선교지 신학교에 관심을 가져주기를 소망한다. 우리나라의 초기 선교 때도 그랬지만, 선교지에서 사역자 한 명이 어떻게 신학 교육을 받느냐에 따라 그곳 교회의 영적인 수준이 결정된다. 현지 교회 개척과 함께 신학교 사역은 선교지에서 필수적이다. 이 사역에는 오랜 세월과 더불어 수많은 인석·물석 자원이 동원되어야 한다. 선교사가 혼자 해 낼 수 있는 성격이 절대 아니다.

아무쪼록 이 책이 많은 이들에게 선교의 동력을 불러일으키기를 기대해 본다. 특히 학위를 가진 사역자들이 읽고 자신의 학문적 능력을 선교지 신학교에 쏟아 부을 수 있기를 소망해 본다. 국내에 넘쳐나는 학위 사역자들이 선교지로 눈을 돌려 그들의 은사를 동원하여 함께 하나님 나라를 이루어 가는 데 힘쓸 수 있기를 기대한다. 그리하여 선교지에도 교수 요원들이 충원되는 은혜가 임하기를 간절히 바란다.

마지막으로, 몇몇 분들에게 감사의 말씀을 전하고 싶다. 먼저 원고를 읽고 추천사를 써 주신 분들에게 감사를 드린다. 수지더사랑교회를 담임하고 계시는 선교학 박사 이수환 목사님, 필리핀 보홀에서 신학교와 캠퍼스 선교에 헌신하시는 백현두 선교사님, ㈔부산의료선교회 선교본부장을 맡고 계시는 세계로병원 이혁진 과장님, 그리고 시각장애인 선교에 힘쓰시는 AL미니스트리 대표 정민교 목사님에게 추천사에 대한 감사의 말씀을 드린다. 무엇보다 이 책을 기꺼이 출간해주신 드림북 민상기 대표님에게 진심으로 감사를 드린다. 또 사랑하는 아내 손미애와 세 아들에게도 감사의 마음을 전한다.

2023년 12월
저자 권율

몽골 땅에서 느낀
하나님의 마음
(2017)

2017년 6월 30일부터 7월 7일까지 부곡중앙교회 청년들과 함께 몽골 단기선교를 감당하며 기록한 내용이다. 특히 몽골 방문이 처음인 나에게는 해외 선교에 관심을 가지는 결정적인 계기가 되었다. 몽골 땅에서 하나님의 마음을 조금씩 느끼며 알아갈 수 있었다.

재림 때 경험할 공중부양 (2017.6.30. 금)

청년들과 함께 몽골 단기선교를 위해 비행기에 올랐다. 평소에 해외 나갈 일이 별로 없어 약간 설레는 마음도 생겼다. 하지만 고도를 치고 오르면서 비행기가 소음을 내자 조금 긴장되기 시작했다. 내 옆에 탑승한 청년은 그 순간 공포에 질린 표정으로 동료의 손을 꽉 붙잡고 있다.

하늘을 비행하는 중에 갑자기 성경 구절이 스쳐 지나갔다.

> [16]주께서 호령과 천사장의 소리와 하나님의 나팔 소리로 친히 하늘로부터 강림하시리니, 그리스도 안에서 죽은 자들이 먼저 일어나고 [17]그 후에 우리 살아 남은 자들도 그들과 함께 구름 속으로 끌어 올려 공중에서 주를 영접하게 하시리니, 그리하여 우리가 항상 주와 함께 있으리라. (살전 4:16-17)

예전부터 암송했던 구절인데, 오늘따라 특히 "구름 속으로 끌어 올려 공중에서 주를 영접하게 하시리니"라는 부분이 자꾸 내 마음을 두드린다. 지금 나는 비행기에 몸이 실려 공중에서 구름 속으로 끌어 올려진 상태이다. 비행기의 동체가 내 시야를 가려서 망정이지, 만일 좌석만 남아 있고 아무것도 보이지 않는

다면, 그 순간 나는 공포에 질려 기절하거나 살려 달라고 비명을 질러

델 것이다.

위의 말씀대로, 주께서 재림하실 때는 당신의 초자연적인 능력으로 죽은 자들과 살아 있는 자들이 모두 공중으로 끌어 올려 당신의 영광스러운 모습을 대면하게 될 것이다. 어떤 비행체도 타지 않고 우리의 있는 모습 그대로 성령의 권능에 사로잡힌 채 공중부양 상태에 있을 것이다.

그렇다면 재림의 날에 과연 주님의 임재 앞에서 건방을 떨거나 자기 주장을 함부로 펼칠 수 있는 자가 있을까? 중력의 법칙을 초월하여 하늘의 구름 속으로 끌어 올려져 공중에 떠 있는 자체가 인간의 모든 교만을 잠재우고도 남을 것이다. 하지만 주님을 믿는 우리는 성령의 포근한 임재에 둘러싸여 놀라운 평안을 경험하리라 확신한다.

나는 목사로서 주님이 사도 바울에게 계시하신 말씀이 문자적으로 성취될 것을 믿는다. 그리스도의 심판대 앞에서 성령의 평안함 가운데 주님을 대면할 것인지, 아니면 극도의 공포 가운데 주님의 거룩하심 앞에서 괴로워할 것인지는 심판자이신 그분의 주권에 달려 있다.

이제 곧 도착할 몽골 땅에서도 주님의 재림을 겸손히 기다리는 자들이 많아졌으면 좋겠다. 그리스도의 심판대에서 하나님의 영광을 함께 기뻐하며, 온 세상이 보는 가운데 주님께 의인으로 인정받을 영혼들이 생겨나기를 간절히 기도한다.

고통의 결박이 풀리길 기도하며 (2017.7.1. 토)

몽골 단기선교 첫날 사역이 시작되었다. 숙소에서 1시간가량 떨어진 곳에 델힝히즈가르 교회에서 성경캠프를 진행했다. 오전 10시가 되자 100명에 가까운 동네 아이들이 몰려들어 문전성시를 이루었다. 우리 청년들과 도우미로 지원한 현지 스텝들까지 합치면 130명은 족히 넘는다.

생전 처음 보는 사람들이 그것도 말이 안 통하는 상태에서 일정을 같이 진행하려다 보니 처음에는 우왕좌왕 그 자체였다. 그렇다고 최선을 다해 준비한 우리 청년들의 노고가 수포로 돌아갈 정도는 아니었다. 현지인 통역사 두 명이 탁월한 실력으로 통역해 준 덕분에 분위기는 이내 고양되었다.

오후 2시가 넘어 현지인 게르(이동식 천막집)에 심방하러 갔다. 몸이 아픈 주민들이 한국에서 목사가 방문했으니 기도라도 받고 싶다는 것 같았다. 우리와 동행하는 선교사님이 계셨지만 한사코 거절하시는 바람에 젊은 목사인 내가 대신 가게 되었다. 예전에 성령 사역을 해본 경험이 선교지에서 유용하게 쓰임 받는 절호의 기회였다.

성경캠프 장소에서 통역사와 함께 버스를 타고 7분 정도 지나서 어느 게르에 도착했다. 그동안 사진으로만 봤던 몽골 현지인 게르 안으로 조심스럽게 들어갔다. 아픈 사람이 누군가 했더니, 아직 열네 살 밖에 안 된 어린 소녀였다. 처참하게도 자기 몸을 가누지 못해 누워 있었고, 뇌에 이상이 생겨 말도 못하는 상태였으며, 자기 손을 물어뜯을까 봐 천으로 꽁꽁 감아둔 채로 있었다.

설상가상으로 얼마 전에 엄마가 지병으로 세상을 떠났는데, 아직 소녀의 머리맡에 엄마의 영정 사진이 고이 놓여 있었다. 그리고 아빠는 얼마 전에 막내(셋째)를 데리고 집을 나가 버렸다. 이제는 몸이 불편한 조부모가 이 아이를 돌보고 있었고, 집안 살림은 열 살짜리 여동생이 도맡아 하고 있었다. 소녀는 딱히 치료 방법을 찾지 못해 하루하루를 고통 속에서 보내는 중이었다. 목사로서 내가 할 수 있는 것이 없었다. 그래서 더욱 괴로웠다.

나는 게르 바닥에 무릎을 꿇고 소녀의 마비된 다리를 붙잡고 기도하기 시작했다. 통역사에게 기도 내용을 몽골어로 통역해서 들리게 해 달라고 부탁했다.

> *생명을 주관하시는 하나님, 어린 영혼을 불쌍히 여기시어 성령의 능력으로 안수하시고, 십자가의 보혈로 깨끗함을 허락해 주옵소서. 그리스도의 생명이 이 아이에게 심겨져서 천국을 향한 소망을 가지게 하시고, 주님이 원하시면 소녀를 속히 회복시켜 주셔서 다른 친구들과 함께 행복한 나날을 보내게 하옵소서!*

처참한 모습에 감정이입이 되어, 정말 간절한 마음으로 성령께 매달릴 수밖에 없었다. 통역사에게도 그런 내 마음이 전달되었는지 함께 울먹거리기 시작했다. 기도하다가 소녀의 몸을 조심스럽게 일으키면서 따뜻하게 포옹해 주었다. 뻣뻣하게 굳어진 몸이 예수님의 사랑으로 녹여지기를 소망하는 거룩한 포옹이었다.

우리는 버스를 타고 다음 게르로 이동했다. 이번에는 옆집에서 아픈 아이를 데리고 왔는데, 휠체어
에 온몸이 꽁꽁 묶인 채로 게
르 안으로 들어왔다. 아직 여
덟 살 밖에 안 된 이 소년도 조
금 전 그 소녀와 동일한 증세
를 가지고 있었다. 공교롭게도
둘 다 태어날 때부터 그런 처참한 상태였다고 한다. 참으로 충격적이
었다.

　이 아이도 부모 없이 할머니 손에서 자라고 있었다. 내 아들처럼 느
껴져서 그런지, 기도 중에 더욱 마음이 동하기 시작했다. 뻣뻣하게 마
비된 다리와 손을 만지면서 치유의 능력이 임하게 해 달라고 혼신의
힘을 다해 울부짖었다. 기도를 마치고 보니 갑자기 아이의 얼굴이 해
맑게 웃는 표정으로 변해 있었다. 함께 있던 현지인들도 무슨 말을 주
고받으면서 아이를 위로하는 듯했다.

　하나님은 오늘 나에게 고통 중에 결박된 영혼들을 보게 하셨다. 알
고 보니 이 지역에는 그러한 상태로 살아가는 아이와 성인들이 꽤 많
이 있다. 이들을 향한 당신의 마음을 생생히 느끼게 하시려고, 한국에
서 청년들과 함께 젊은 목사를 이곳에 보내셨나 보다. 내일 오전부터
이곳에서 또 다른 사역이 시작되는데, 하나님이 행하실 일들이 정말
기대가 된다. 몸은 심히 고단하지만 영혼은 주님의 임재에 사로잡혀
오늘 하루를 조용히 마무리하련다.

왕을 높이는 영광스런 예배자들 (2017.7.2. 주일)

예수 우리 왕이여 이곳에 오소서
보좌로 주여 임하사 찬양을 받아주소서
주님을 찬양하오니 주님을 경배하오니
왕이신 예수여 오셔서 좌정하사 다스리소서

주일 오전예배가 시작되었다. 이 찬양곡이 몽골어로 들리는데도 왜 이리도 내 심금을 울리는지……. 흘러내리는 눈물 때문에 내 마음을 주체할 수 없었다. 안경을 벗고 아무도 몰래 눈물을 훔치느라 아주 혼이 났다.

눈물이 앞을 가린 이유는 단 하나. 영적 불모지 같은 이곳에 스무 명 남짓한 성도들이 조그마한 예배당에 모여 예수님을 왕으로 예배하고 있었기 때문이다. 오늘은 우리 인원들과 도우미 스텝들까지 합쳐 40명 정도가 모여 주일예배를 드렸다.

내가 보기에 이곳은 영적 전쟁이 치열한 동네이다. 불과 수십 미터 떨어진 곳에 이단 교회가 아주 화려한 건물로 들어서 있다. 마을 전체가 단층 게르로 이루어진 것에 비하면, 3층 현대 스타일로 치장한 이 건물은 사람들의 시선을 단번에 사로잡는다. 신앙이 없는 주민과 아이들은 돈이 많은 이 '교회'로 몰려간다고 한다. 엄청난 재력으로 농장도 매입하고 유치원까지 무료로 운영하는 교묘한 이단이다. 가난한 주민들의 환심을 사기에 최적의 조건을 갖추고 있다.

그럼에도 불구하고 이 척박한 땅에는 예수님을 "우리 왕"으로 높이는 예배자들이 존재한다. 이 사실 자체가 얼마나 감격스러운가! 예수 믿는다고 그들의 형편이 나아진 것도 없고 여전히 질병과 고통 속에 허덕이는데도, 매주 모여 "예수 우리 왕이여"라고 예배한다는 사실이 젊은 목사의 영을 극도로 자극시켰다. 바로 근처의 화려한 이단 교회의 물질 공세에도 미혹되지 않는 그들의 신앙이 참으로 위대하게 보였다.

이러한 감격에 사로잡힌 나는 마침내 하나님의 말씀을 선포했다. "나의 믿음 없는 것을 도와주소서!"라는 제목으로 몽골어 통역사와 함께 혼신의 힘을 다해 말씀(막 9:14-29)을 수종들었다. 귀신들린 아들을 둔 아비의 상태가 이곳 주민들의 영적 상태일지도 모른다는 생각이 들었다. 영적 무지와 질병의 고통 속에 인생을 포기한 영혼들이 예수님을 만나 소망을 가지길 바라는 마음으로 설교했다. 영적 분위기를 보아하니, 청중 가운데에도 그런 교인이 있는 듯했다.

예배를 마치고 중보기도 시간을 가졌다. 지역 특성상 병자들이 많아서 치유기도를 특별히 요청했다. 그중 어떤 할머니의 사연이 참으로 딱했다. 열 살짜리 손녀가 뇌종양 진단을 받았는데, 더 이상 현대의학으로 치료가 안 된다는 것이다. 일상 중에 쓰러지는 경우가 빈번하다고 한다.

더구나 이 할머니는 설교 중에 은혜를 받았다고 한다. 예수님께 절규하듯 부르짖는 그 믿음을 가지고 그 어떠한 경우에도 삶의 소망을 포기하지 말아야겠다고 생각했다는 것이다. 그래서 주님이 원하시면 자기 손녀도 회복될 수 있다고 확신하게 되었다.

눈물을 흘리며 기도를 요청하는데 차마 거절할 수가 없었다. 주님이 은혜를 주셨으니, 그 결과를 당신이 책임지신다는 믿음을 가지고 기도하기로 마음먹었다. 그래서 나는 청년들과 함께 이분을 위해 간절히 기도하기 시작했다.

치료자 되시는 하나님, 손녀의 병을 고치고자 하는 이분의 마음을 받아주시고, 무엇보다 주님을 향한 갈망을 놓치지 않게 하소서. 귀신들린 아들을 둔 아비의 믿음을 먼저 고쳐 주셨듯이, 이 할머니에게 더욱 온전한 믿음을 더하여 주소서. 주님이 원하신다면 손녀의 뇌종양 세포를 속히 소멸시켜 주옵소서!

이처럼 말씀에 순수하게 반응하는 델힝허즈가르 성도들의 모습에 큰 도전을 받았다. 하지만 이들은 하나님의 섭리 때문에 일평생 처참한 모습으로 살아갈지도 모른다. 세상으로부터 너희가 믿는 신이 무능하다고 조롱당하는 채로 말이다.

그럼에도 불구하고 예수님을 "우리 왕"으로 높여야 하는 '예배자로서의 위대한 사명'이 그들에게 주어졌을지도 모른다. 하늘에 잇대어 이 땅을 살아가는 고난의 순례자로서 말이다. 왕을 높이는 영광스런 예배자들과 함께하는 복된 주일이었다.

성령의 부으심을 사모하며 (2017.7.3. 월)

성경캠프 마지막 날이 되었다. 델힝히즈가르 교회당에 다른 교회 아이들을 초청해서 연합으로 일정을 진행했다. 그래서 훨씬 더 많은 아이들을 데리고 우리 청년들과 현지인 스텝들이 큰 수고를 감당했다. 나도 오전에 마지막 다섯 번째 설교를 무사히 마무리하게 되었다.

점심을 먹고 오후에는 성도들이 사는 게르에 그룹을 나누어 방문하였다. 이제껏 찾아오게 하는 사역이었다면, 이제는 청년들이 몽골 현시인 집에 '찾아가는 사역'이다. 현지인  의 생활터로 들어가 봐야지 선교지의 실상을 알 수 있기 때문이다.

내가 속한 그룹이 찾아간 게르에는 환자가 꼭 1명 이상 있었다. 나중에 알고 보니 다른 그룹도 마찬가지였다. 이 지역에는 우연의 일치라고 하기엔, 똑같은 증세와 문제를 가진 환자들이 너무 많다. 가정이 파탄되어 자식을 버리고 떠난 경우가 많고, 특히 뇌와 관련된 질병과 근육이 마비되는 증상이 어렵지 않게 발견된다.

그런데 막강한 재정을 가진 이단 집단은 이들에게 치료의 길을 열어 주는 것은 물론, 자녀들을 위해 유치원 교육도 무상으로 제공해 주고 있다. 이단 집단은 현지인들의 실제 필요를 채워 주고 문제를 해결해 주는 반면에, 정통 신앙을 가진 이 교회는 재정이 열악해서 사실상 그들의 필요를 위해 아무것도 해 주지 못한다.

처참한 삶의 고통 속에 살아가는 그들에게는 정통 교회가 아무런 매력이 없고 참으로 무기력하게 보일 것이다. 그들의 고통을 덜어 주는 이단의 애틋한 노력에 비하면, 정말 아무것도 해 주지 못하기 때문이다. 실제로도 현지인들은 분별력 없이 이단 교회로 몰려가고 있다.

참으로 아이러니한 현실이다. 참된 복음을 믿는 성도들은 치료도 제대로 못 받고 고통 중에 허덕이며 신앙을 지켜야 하고, 거짓 복음에 빠진 그들은 삶의 고통도 해결되고 실제적인 필요가 채워지고 있으니 말이다. 갑자기 의분이 치밀어 올랐다. 우리가 믿는 십자가의 복음이 연약하게 비춰진다는 사실 자체가 너무나도 자존심이 상했다.

한국에 있을 때는 그 어떠한 삶의 고통이 따르더라도 십자가의 복음을 믿고 천국의 소망을 절대 잃지 말고 이 땅을 살아야 한다고 설교했다. 병 고침과 문제 해결을 두고 하나님께 광적으로 떼쓰기보다는, 성숙한 자세로 하나님의 뜻을 분별하며 살아야 함을 역설했다.

물론 이것이 지당한 말이긴 하지만, 선교지의 처참한 실상을 목격해 보니 생각이 좀 달라졌다. 기본적인 생활조차 불가능한 그들에게 무턱대고 그런 메시지를 전하는 것이 능사가 아님을 깨달았다. 천국의 소망을 심어줘야 함과 동시에, 이 땅에서 그들의 기본적인 삶이 가능하도록 실제적인 필요가 채워져야 한다.

교회가 한없이 무기력해 보일 때 주님은 당신의 몸 된 교회를 비상한 방법으로 소생시키신다. 위로부터 오는 성령의 능력으로 당신의 교회를 무장시키셔서, 온 세상에 하나님의 충만한 임재와 영광을 드러내신다. 초대 교회와 같이 기적이 일상이 되는 그러한 상황을 일으켜 주신다.

3일간의 사역을 마무리하고 잠시 기도회를 인도했다. 무엇보다 이 교회에 성령의 부으심을 허락해 달라고 간절히 기도하였다. 사역자와 성도들에게 치유의 은사를 베풀어 주셔서, 손을 얹고 기도할 때 질병에서 회복되는 역사를 일으키시어, 당신의 말씀을 권능 있게 확증해 달라고 힘써 기도했다. 그리고 델힝히즈가르 교회의 이름처럼 '땅 끝까지' 증인의 사명을 감당하게 해 달라고 간절히 중보(도고)하였다.

전능하신 하나님, 비참하게 살아가는 그들의 일상을 외면하지 마옵소서. 십자가의 복음을 미련하게 따르는 그들의 중심을 기쁘게 받으시어, 질병의 고통에서 속히 해방되게 하시고, 그들의 기본적인 삶의 필요들을 주님의 능력으로 채워 주소서! 참된 복음을 사수하는 이 교회에 성령을 충만히 부으셔서 하나님을 대적하는 모든 자들을 잠재워 주옵소서. 성령의 도우심을 힘입어 예수 그리스도의 이름으로 기도합니다. 아멘.

대초원에서 마라나타를 외치다! (2017.7.4. 화)

푸른 초원이 끝없이 펼쳐지고 있다. 광활한 초원은 목가적인 분위기를 사방을 향해 뿜어 댄다. 말과 양과 소떼들은 따스한 햇볕을 벗 삼아 삼삼오오 풀을 뜯으며 무리를 짓고 있다. 구름을 머금은 하늘은 마치 캔버스 위에 하늘색 물감을 펼쳐 놓고 붓으로 흰색 터치를 예쁘게 해 놓은 것 같다.

사막체험을 위해 아침 일찍부터 버스를 타고 달리고 있다. 지난 3일은 현지인 사역으로 정신없이 달렸는데, 오늘은 아침부터 몽골의 대자연을 맘껏 느끼면서 달리고 있다. 이제야 몽골에 왔다는 잠깐의 여유를 만끽한다.

대자연을 배경으로 수백 마리의 말과 양을 치는 목동을 지켜보니, 최상의 상태의 에덴을 다스리던 아담의 모습이 문득 상상된다. 하나님이 맡기신 짐승들을 사랑으로 돌보며 이름을 지어줌으로써 존재에 의미를 부여한 '창조행위'가 마치 재현되고 있는 듯하다.

현지인들은 놀랍게도 1킬로미터 반경 내에 최대 1,000마리까지 자기 양과 소를 구별할 수 있다고 한다. 새끼를 낳을 때마다 한 마리 한 마리를 가족의 일원으로 추위와 더위를 함께 나눈다고 한다. 이런 해산의 과정을 거치기 때문에, 아무리 많은 짐승이라도 자기 소유를 단번에 알아보는 것이다. 아니, 자기 소유에 의미를 부여해서 자신에게 특별한 존재가 되게 하는 것이다!

태초에 하나님이 창조하신 대자연의 모든 요소는 당신께 특별한 의미로 존재한다. 그중에 사람에게는 당신의 거룩한 형상을 부여하여 가장 특별하고 구별되는 존재가 되게 하셨다. 하나님의 형상을 가진 우리는 그분의 대리통치자로서, 세상의 모든 요소를 당신의 뜻대로 다스릴 의무가 있는 것이다.

몽골의 대초원을 가로지르면서 창조의 회복을 위해 오늘도 일하시는 하나님의 신실하심을 깨닫는다. 죄로 오염된 이 세상을 십자가의 능력으로 하나님 나라를 완성해 가시는 당신의 거룩한 열정을 느낀다. 태초의 에덴을 아담에게 맡기셨듯이, 온 세상을 완전한 하나님 나라(천국)로 회복시켜 우리에게 맡기시려는 당신의 섭리가 생생히 느껴진다.

그리스도를 믿는 우리는 위대한 그 일에 동참하는 특권을 누리고 있다. 그 위대한 사역에 이번 한 주간 우리 단기선교팀이 쓰임 받고 있다는 사실이 참 감격스럽다. 지금 누리는 이 '거룩한 정서'를 모든 팀원들도 함께 누렸으면 좋겠다.

몽골의 내자원은 참으로 경이롭다. 그러나 이것과는 감히 비교할 수 없는 영광스러운 그 나라가 오히려 가슴에 사무치도록 그리워진다. 그 어떠한 슬픔과 고통도 없고 오직 삼위 하나님을 향한 지고(至高)의 기쁨만이 충만한 그 나라가 속히 도래하기를 소망한다. Maranatha(마라나타)!

갈수록 사막화되는 영적 상태 (2017.7.4. 화)

숙소에서 5시간이 걸려 마침내 사막에 도착했다. TV에서만 보던 몽골의 사막을 실제로 보고 있다는 것이 그저 신기하기만 하다. 사막의 모래 언덕과 구름을 품은 하늘이 맞닿은 라인은 방문객의 이목을 단번에 집중시킨다.

하지만 우리의 이목을 집중시킨 신기함은 사막의 황폐함에 이내 잠식되고 말았다. 뙤약볕 아래에 사막 위를 실제로 걸어보니, 생존을 향한 갈망이 본능적으로 일어났다. 세차게 부는 바람은 모래 알갱이를 몰고 와서 사람의 눈, 코, 입으로 마구 밀어 넣었다.

특히 모래 언덕 위로 올라갈 때는 정말 사력을 다해야 했다. 새하얀 구름이 걸쳐진 하늘 라인을 만끽하려는 대가는 생각보다 혹독했다. 발목이 모래 늪으로 빠지지 않도록 안간힘을 써야 했고, 그럴 때마다 가빠지는 호흡 때문에 코와 입으로 모래바람이 더더욱 불어 닥쳤다.

입 안에 구르는 모래를 씹으며 나무 한 그루 없는 사막을 보면서 마음이 무거워지기 시작했다. 물 한 방울 없는 메마른 사막이 우리의 영적 상태처럼 느껴졌기 때문이다. 사람들의 이목을 잠시 집중시킬 뿐, 거기에 생명력이 전혀 없는 황폐함이 우리의 신앙처럼 비춰졌다.

현재 몽골 땅의 60%가 사막으로 변했다고 한다. 이것은 정말 심각한 수준이며, 앞으로 사막화는 더욱 가속화될 것이라고 추정한다. 땅은 광대하지만 정작 쓸모 있는 땅이 별로 없는 상태이다.

그렇다면 우리의 영적 상태는 어떠한가? 생명수 같은 성령의 역사가 소멸된지도 모른 채, 여전히 나의 모난 기질에 사로잡혀 공동체에 황폐함을 부추기고 있지는 않는가? 사람들에게 얄팍한 화려함을 잠시 보여줄 수 있을 뿐, 내 안에 영적 생명력이 없는 메마른 상태인 것은 아닌가?

영적으로 갈급한 사람들에게 물 한 방울도 못 주는 황폐한 신앙에서 우리는 속히 벗어나야 한다. 외적인 화려함은 갈수록 확장되어 가는데도, 정작 하나님 나라와 교회를 위해 쓸모없는 상태로 변하지 않도록 자신을 냉철하게 살펴야 한다. 갈수록 사막화될지도 모르는 영적 상태를 힘써 경계해야 한다.

현지인 목사가 들려주는 쓴소리 (2017.7.5. 수)

오늘은 좀 이색적인 시간을 가졌다. 저녁에 숙소에서 현지인 목사님을 모시고 선교특강을 들었다. 그런데 참으로 놀라웠다. 몽골 사람인데도 한국어 구사력이 정말 탁월했다. 우리나라에서 신대원 과정을 한국어로 마쳤고, 한국에서 수년간 교회 사역을 경험했다고 한다.

이분은 현지인이 바라본 한국인 선교사의 모습에 대해 들려주었다. 1989년 구소련의 붕괴로 몽골이 개방되어 서구인 선교사들이 사역을 감당하다가 서서히 철수하자 한국인 선교사들이 그 자리를 대신하게 되었다. 몽골 선교에 대한 한국 교회의 열정이 정말 대단하다고 한다. 현재 몽골 선교사의 80%가 한국인이라고 한다.

본인은 한국 선교사에 빚진 마음이 있으면서도 아쉬운 점이 있다고 거침없이 말했다. 현지인과 잘 어울리는 듯하면서도 결정적인 순간에 내려놓지 못하는 그 '무엇'이 있다고 한다. 현지 교회를 개척하고 성도들이 모이면 그 결과물이 마치 자기 것인 양 움켜쥐고 있는 선교사들이 의외로 많다는 것이다. 현지인 사역자에게 리더십을 이양하기 힘들어 하는 경우가 많다고 한다.

참으로 아이러니하다. 분명히 이분들은 처음 몽골 땅에 왔을 때 모든 것을 주님을 위해 불사르겠다는 각오였을 텐데, 선교 사역이 이루어지면서 자기도 모르게 그런 상태로 변한 것으로 보인다. 현지인 목회자가 배출되었을 때 아무런 조건 없이 이양하는 것이 그분들의 심기를 불편하게 만드는가 보다.

그럼에도 자신은 한국인 선교사들에게 존경과 감사를 마다하지 않는다고 했다. 현지 교회가 어느 정도 정착되면 철수해 버리는 서구 선교사들과는 달리, 많은 경우에 한국인 선교사들은 장기적으로 남아 있어서 혼신의 힘을 다해 사역을 하기 때문이다. 실제로 청춘을 다 바친 한국인 여자 선교사님이 있는데, 이분이 바로 자신의 영적 스승이라고 자랑스럽게 말했다. "몽골 땅에 당신의 청춘을 바쳤으니, 이제 내가 당신을 모실 차례"라고 고백했다고 한다.

강의의 결론은 간단했다. 선교사는 복음 안에서 현지인 한 명을 정말 제대로 키워야 한다는 것이다. 선교사가 사랑으로 키운 그 한 사람을 통해 하나님이 수십, 수백 명의 열매를 맺게 하신다고 우리에게 역설했다. 바로 자신이 그 한 사람으로서 현재 몽골인들에게 십자가의 복음을 날마다 전하는 중이라고 했다. 생명의 복음이 한국인 선교사들을 통해 '마음에서 마음으로' 더욱 증거되기를 바라는 그 간절함을 생생히 느끼게 해 주었다.

'누뜨니 할트'를 벗는 신앙 (2017.7.6. 목)

늦은 오후에 테를지 국립공원 입구에 도착했다. 입장료를 지불하고 좀 더 들어가 보니 캠프장이 훤히 내려다보이는 언덕이 나왔다. 아래로 내려다보니 광활한 초원 위에 게르로 만들어진 숙소가 바위산을 병풍 삼아 군데군데 펼쳐져 있었다.

우리는 잠시 차에서 내려 사진을 찍기로 했다. 사진을 찍고 둘러보다가 독수리를 데리고 있는 현지인을 보았다. 돈을 내면 독수리를 팔에 얹어 사진을 찍게 해 준다는 것이다. 선교사님의 권유로 나는 독수리와 함께 사진 몇 장을 찍었다.

'하늘의 제왕' 독수리는 천성적인 맹수의 본능 때문에 잘 길들여지지 않는다. 매우 강한 공격성을 가지고 늑대나 여우 등을 사냥한다. 그런데 사람과 함께 사진 찍을 정도로 고분고분한 독수리는 사냥꾼에게 혹독한 훈련을 받아 잘 길들여진 상태이다.

현지인의 말에 따르면, 사람과 함께하는 독수리는 새끼 때부터 수년간 길들여진 것이라고 한다. 훈련 과정을 듣다가 참으로 흥미로운 점이 발견되었다. 맹수의 공격성을 발휘하지 못하도록 '누뜨니 할트'(눈가리개)를 머리에 씌운다는 것이다. 이것을 씌우면 눈이 가려져 사냥감을 공격하지도 못하고 하늘을 제 마음대로 날아다닐 수도 없다. 사냥꾼의 의도에 맞게 길들여지게 하는 장치가 바로 '누뜨니 할트'인 것이다.

우리는 천지의 주인이신 하나님의 자녀들이다. 그리스도의 보혈로 값 매겨진 존귀한 신분을 갖고 있다. 그럼에도 불구하고 내 눈이 마치 눈가리개로 가려져, 나의 실제 모습을 전혀 발현하지 못하는 '누뜨니 할트' 상태일지도 모른다.

우리가 믿음으로 거듭났음에도 성령의 지배를 받기는커녕 눈가리개에 영적 시야가 가려 도리어 세상에 길들여지고 있는 것은 아닌가? 현재 내 모습이 하늘의 제왕다운 면모를 전혀 보이지 못하는, 누뜨니 할트를 쓴 독수리 같은 모습이지는 않는가?

이제부터 사탄이 나를 길들이려고 씌우려는 눈가리개(누뜨니 할트)를 단호히 벗어버려야 한다! 더 나아가 성령의 능력에 사로잡혀 성도의 본능으로 세상을 담대히 살아가도록 힘써야 한다. 맹수의 본능으로 두려움 없이 하늘을 맘껏 날아다니는 독수리처럼.

무지개 언약과 선교 (2017.7.7. 금)

몽골로 출발할 때가 엊그제 같은데 벌써 한국으로 돌아가는 비행기 안이다. 자정이 가까워 매우 피곤한 몸이지만 8일간의 추억이 담긴 사진들을 살펴보았다. 하나님이 우리 단기선교팀을 통해 행하셨던 일들을 떠올리며, 앞으로도 계속해서 일하시는 그분의 신실하심을 묵상해볼 수 있었다.

수많은 사진 중에서 유독 눈에 들어오는 사진이 있었다. 어제 테를지 캠프장에서 찍었던 '무지개가 드리워진 하늘 사진'이다. 오후 10시가 다 되어 가는데도 햇빛이 조금 남아 테를지 일대를 비추고 있었을 때, 갑자기 우리 일행이 보라는 듯이 무지개가 나타난 것이다.

그 순간 청년들이 환호성을 질렀다. 한국에서는 보기 드문 광경이라 더욱 경이로웠을 것이다. 나는 목사의 본능대로 무지개를 보는 순간 창세기 9장 13-16절이 떠올랐다.

13내가 내 무지개를 구름 속에 두었나니 이것이 나와 세상 사이의 언약의 증거니라 14내가 구름으로 땅을 덮을 때에 무지개가 구름 속에 나타나면 15내가 나와 너희와 및 육체를 가진 모든 생물 사이의 내 언약을 기억하리니 다시는 물이 모든 육체를 멸하는 홍수가 되지 아니할지라 16무지개가 구름 사이에 있으리니 내가 보고 나 하나님과 모든 육체를 가진 땅의 모든 생물 사이의 영원한 언약을 기억하리라

하나님이 무지개를 구름 속에 두신 이유는, 당신과 모든 생물 사이의 영원한 언약을 기억하시기 위함이다. 인간의 끔찍한 죄악 때문에 대홍수로 세상을 심판하셨지만, 이제는 노아에게 보여 주신 '무지개 언약'에 기초하여 당신의 구원과 신실하심을 언약 백성에게 끝까지 펼치신다는 것이다. 이와 동시에 무지개는 "세상에서 하나님의 구속 목적을 위해 다시 시작하는 기회"(Meredith G. Kline)이므로, 이제는 십자가의

복음을 통해 당신의 구속적 통치가 열방을 향해 확장되고 있음을 보여 준다. 즉 하나님이 세우신 언약 속에 이미 선교적 의도가 담겨 있다는 뜻이다.

몽골을 떠나기 전 마지막 날에 하나님이 무지개를 우리에게 보여 주신 이유를 조금 알 듯하다. 아직 영적 어둠이 짙은 몽골 땅에 십자가의 복음과 부활의 능력이 계속해서 증거되기 원하신다는 당신의 마음을 알려 주시기 위함이다. 특히 테를지와 같은 관광객이 몰려 드는 곳에서 무지개를 바라보게 하신 까닭이 더욱 의미심장하다. 사람들은 휴양을 위해 이곳에 몰려 들지만, 하나님은 십자가의 복음을 통해 영원한 휴양을 그들이 누리기를 원하시기 때문이다. 흥미롭게도 '한국'에 해당하는 몽골어(솔롱고스)의 뜻이 '무지개'이다.

나는 한국으로 향하는 비행기에 내 몸을 맡기면서 열방을 향한 하나님의 마음을 이 사진을 통해 묵상할 수 있었다. 무지개 언약에 담긴 선교적 의미를 되새기면서, 이제부터 우리 청년들과 함께하실 하나님의 일하심을 기대해 본다. 몽골 땅을 향해 복음의 열정을 불러일으키실 하나님을 찬양하며, 모든 일정을 무사히 마치게 됨을 기쁨으로 감사 드린다. 할렐루야!

·두 번째·

몽골 땅에서 도전한
선교적 몸부림
(2017)

2017년 9월 17일부터 23일까지 처음으로 몽골장로교신학교에서 교수 사역을 감당하며 기록한 내용이다. 특히 가족들을 데리고 선교지를 방문한 첫 경험이었다. 선교지에서 가족들과 함께 살아간다는 게 어떤 의미인지 잠시 맛볼 수 있었다.

가족들과의 첫 비행 (2017.9.17. 주일)

난생처음으로 가족들과 함께 비행기를 탔다. 지극히 활달한 아내와 거의 통제 불가능한 아들 셋을 데리고 몽골로 떠났다. 23개월 된 막내가 하루 전부터 고열로 힘들어했지만, 비행기 안에서 울지 않고 잘 버티고 있었다. 첫째는 늘 그랬듯이 의젓한 모습을 보였다. 그런데 둘째가 이번에도 특이한 생각을 내뱉기 시작했다.

"아빠, 비행기 타고 구름 위에 올라왔는데 이제 하나님 볼 수 있는 거야? 하나님 어디에 있어?"

그 순간 순진무구한 아들의 질문에 목사인 아빠가 잠시 당황했다. 그래도 목사의 본능으로 자동 반사적인 답변을 들려줬다.

"하나님은 우리 눈에 안 보여. 하나님의 아들 예수님이 나중에 구름 타고 이 땅에 주한이 보러 오실 거야. 그니깐 하나님 보고 싶어도 그때까지만 좀 참아."

질문이 참 특이해도 둘째가 평소에 하나님을 인식하는 것 같아서 무척 행복했다. 어린아이의 입술에서 나오는 찬미를 온전케 하신다는 주님의 말씀(마 21:16; 시 8:2)이 문득 생각났다. 아빠의 눈에는 정말 철없고 까부는 것처럼 보여도 하나님께서 이 어린 영혼을 빚어 가신다는 믿음을 가져야겠다.

그리고 나도 둘째처럼 하나님을 볼 수 있다는 기대감을 더 크게 가

져야겠다. 비행기 타고 몽골에 가는데 그곳에서 일하시는 하나님을
이제 볼 수 있겠다는 그 기대감을 말이다.

그들의 놀라운 언어습득 능력 (2017.9.18. 월)

오늘은 내 인생에 참으로 의미 있는 날이다. 선교지의 신학생들에게
헬라어를 처음으로 가르쳤기 때문이다. 이전에 신대원 입학 예정자
들과 후배들에게 헬라어를 가르쳐 본 이후로 오랜만에 다시 시작하는
강의였다. 어제 부랴부랴 가족들을 데리고 밤늦게 몽골로 들어와서,
자고 일어나자마자 정신없이 준비해서 첫 수업을 시작했다.

강의실에 들어가 신학생들
을 처음 바라보는 순간, 뭐라
고 표현할 수 없는 뭉클함이
마음속에서 솟구쳤다. 그들의
외모에서 세상의 화려함과는
완전히 대조적인 순박함과 소
박함이 묻어났다. 그렇지만 조국의 복음화를 위해 헌신한 그들의 중
심을 생각하니, 세상의 화려함 따위가 오히려 저급하게 느껴졌다.

여하튼 내게 비춰진 그들의 첫 인상은, 마치 시골에서 순박하게 살
다가 세상 물정 모른 채 순수한 열정 하나로 헌신한 자들로 보였다. 그
래서인지 그들의 신학 수준이나 언어 습득 능력을 은연중에 과소평가
하고 있었다. 가뜩이나 헬라어 알파벳부터 가르쳐 달라는 학장 선교

사님의 당부가 생각나서 그러한 생각을 더욱 품게 되었다.

하지만 그들에 대한 나의 진단은 완전히 빗나가고 말았다. 정말로 헬라어 알파벳부터 가르쳤는데도 그들의 언어 습득 능력은 참으로 놀라웠다. 알파벳을 가르치고 잠시 휴식을 한 후에, 한 명씩 불러내어 알파벳 낱자가 아닌 단어를 받아쓰게 했다. 그런데 놀랍게도 강사가 들려주는 단어를 대부분 정확하게 받아 적었다.

이것은 한국 신학생들이 헬라어를 배울 때와는 차원이 다른 현상이다. 너무나 신기해서 내 옆에서 통역하던 자매에게 이유를 물어봤다. 몽골 사람들이 다른 건 몰라도 새로운 언어를 비교적 자연스럽게 습득하는 것 같다고 한다. 이전에도 몽골 선교사들로부터 몽골인들이 언어 습득 능력이 탁월하다는 말을 종종 들었는데, 그 말이 가히 사실인 듯했다.

강의 첫날부터 마음이 정말 설레기 시작했다. 이들과 한 주 동안 신약성경의 원래 언어인 코이네 헬라어(Koine Greek)를 공부한다는 것이 참으로 기대되었다. 내가 손수 만든 강의안 제목답게 "강독을 위한 헬라어 핵심 문법"을 정말 쉽게 가르칠 수 있도록 주님의 은혜를 구해야겠다. 그리고 문법과 강독을 따로 인식하지 않고 동시적으로 접근하도록 신학생들을 잘 지도해야겠다.

선교지에서 살아간다는 것은 (2017.9.19. 화)

현지 신학생들을 위한 교수 사역이 참으로 행복하게 느껴진다. 그런데 함께 따라온 가족들에게는 정말 고역일지도 모른다. 가장이 신학교에서 아침부터 오후까지 강의하는 동안, 말이 안 통하는 현지에서 시간을 보낸다는 것이 여간 어려운 일이 아니다. 물론 통역사를 대동하긴 하지만, 낯선 땅에서 아들 셋을 데리고 남편 없이 버텨야 하는 아내가 정말 대단해 보인다.

오늘따라 현지 선교사들로부터 선교지에서 보내는 당신들의 삶에 대해 많이 듣게 되었다. 별 생각 없이(?) 선교지에 가족들을 데리고 왔다가 돌이킬 수 없는 상황 때문에 지금까지 버티는 경우도 있고, 현지인들과 사역하면서 말할 수 없는 고충을 겪는 경우도 자주 있었다. 심지어 현지에서 사역하는 선교사들끼리 알력이 생겨 심각한 불화를 겪는 경우도 있었다.

이 모든 것보다도 선교사들에게 가장 힘든 것은 자녀와 관련된 문제들이다. 온 가족이 선교사로 헌신하며 현지에서 살다가 자식이 죽을 뻔했다는 그 일화가 아직도 귓가에 맴돈다. 몽골은 다른 선교지와는 달리 영어권도 아니고 자녀를 교육시킬 마땅한 곳이 없다. 몽골의 수도는 외곽과는 전혀 달리, 사람이 살기 어려울 정도로 대기오염과 교통체증이 심각하다. 어느 조사에 따르면, 전 세계에서 가장 살기 힘든 도시 3위 안에 들었다고 한다.

현지 선교사들과 대화를 나누다 보니 그분들의 인생이 정말 대단해 보인다. 당국의 감시망을 피해가며 자신의 인생을 걸고 십자가의 복음을 현지인에게 심어 주려는 그분들의 거룩한 열정에 찬사를 보낸다. 고국에서 좀 더 나은 인생을 살 수 있음에도 불구하고, 낯선 땅에 가서 복음 하나로 살아가는 것이 무엇인지 보여 주는 그분들의 인생이 참으로 값지게 느껴진다.

　나도 과연 그분들처럼 가족을 데리고 낯선 땅에서 선교사로 살아갈 수 있을까? 출국 전날부터 셋째가 고열에 시달리다가 지금도 밤마다 잠을 설치고 있는데, 이런 상황을 지켜보면서도 내가 선교 사역을 감당해 낼 수 있을까? 나도 체력적으로 심히 고단해서 사실 오늘 하루도 정신력으로 버티고 있다. 매일 집중강의(6시간)를 마치면 가족들과 함께하며 가장의 역할을 감당해야 한다.

　하지만 가족을 대하는 나의 인격과 역량이 한없이 부족함을 느낀다. 외부 사역에는 큰 기쁨을 느끼지만, 정작 가족들과 함께 있으면 피곤에 찌들어 있는 내 모습이 한 번씩 가증스럽기도 하다. 고열 때문에 침대 위에 축 처져 누워 있는 셋째(23개월)의 머리에 안수하며, 눈물을 머금고 하나님께 낫게 해 달라고 기도했다. 선교지에서 살아간다는 것이 무엇인지 아주 조금은 알 것 같다.

여전히 일하시는 하나님 (2017. 9. 20. 수)

　오늘 강의를 마치고 가족들과 함께 외곽 지역으로 이동했다. 두어 달 전에 교회 청년들을 데리고 와서 섬겼던 교회를 다시 방문하고 싶었다. 울란바토르 중심가와는 멀리 떨어진 곳인데, 돈 많은 이단들의 공격적인 포교활동이 진행되는 지역에 있다. 그런 척박한 상황에서도 "예수 우리 왕이여!"라고 매주 고백하는 델힝히즈가르 교회가 바로 그 교회이다. 그동안 영적 상황이 어떻게 전개되었는지 무척 궁금한 상태였다.

무엇보다 가족들과 함께 방문해서 감회가 새로웠다. 척박한 선교현장을 아내와 세 아들이 직접 목격한다는 자체가 나에게는 큰 의미로 다가왔다. 선교적 마인드를 온 가족이 함께 품게 되는 기회이기를 바랐다. 어린 세 아들도 선교지의 비슷한 또래들을 대면하면서 뭔가를 조금이라도 느끼기 원했다.

드디어 델힝히즈가르 교회당에 도착했다. 지난번에 하던 사택 보수 공사가 계속 진행 중이었다. 이 사택의 주인은 30대 초반의 여전도사이다. 이단이 창궐하는 이 지역에서 미혼의 몸으로 바른 복음과 정통 신앙을 사수하기 위해 창고 같은 방을 부랴부랴 개조하는 중이다. 요즘 우리나라에서는 그런 환경에서 사역하는 건 상상하기가 거의 불가능하다. '70-80년대 한국 교회 상황이라면 모를까.

여하튼 담임 역할을 하는 그 여전도사를 다시 만나는 순간 이전과는 무언가 달라 보였다. 이 지역의 영적 상황에 변화가 일어났다는 사실을 직감할 수 있었다. 궁금했지만 일단 모  르는 척하고, 사실 이보다 더 궁금한 것을 물어 보았다. 이전에 단기팀 청년들과 함께 심방한 어느 성도의 가정이다. 주일학교에 나오는 열한 살짜리 소녀가 집안 살림을 도맡아하면서, 선천적 장애를 가진 언니와 몸이 불편한 조부모까지 신경 써야 하는 그 가정을 다시 방문하고 싶었다.

나는 가족들과 일행을 데리고 차를 타고 그 집으로 향했다. 몇 달 만에 온 것인데도 동네가 전혀 낯설지 않았다. 길에서 노는 아이들의 얼굴도 모두 낯이 익었다. 몇 분이 지나 드디어 그 집 앞에 도착했다. 설레는 마음으로 들어가 보니 지난번보다는 조금 안정된 기운이 감돌았고, 침대 위에 묶여 있던 그 소녀가 이번에는 휠체어에 앉아 있었다. 물론 제대로 몸을 가누지 못해 손발이 묶여진 상태였다.

아내와 세 아들도 함께 대면하며 그간 안부를 묻고 대화를 나눴다. 아직도 그 소녀는 두어 달 전에 소천한 엄마를 그리워하는 중이었다. 말은 못하지만 표정과 몸짓에서 그리워하는 정서가 묻어났다. 지난번처럼 통역사에게 부탁하여 기도 내용을 통역해 달라고 했다.

우리에게 사랑을 베푸시는 하나님, 무엇보다 이 가정에 십자가의 복음이 하나님의 능력으로 나타나게 하옵소서! 이 아이로 하여금 특별한 몸으로 특별한 인생을 살게 하셨으니, 인생의 고난과 고통을 견딜 수 있는 믿음을 또한 허락해 주옵소서. 복음의 능력이 이 가정에 성령을 통해 부어지게 하시고, 인생의 유일한 소망이신 주님만을 신뢰하게 하옵소서!

나는 한국의 동역자들이 모아준 후원금을 전달하고 다시 교회당으로 돌아왔다. 그리고 담임교역자(여전도사)로부터 그동안의 변화를 듣게 되었다. 참으로 감사하게도 우리 교회 단기팀이 지난번에 방문하여 성경학교 사역을 하고 난 후로 주일학교에 아이들이 몰려들었다고 한다. 보통은 단기팀이 와서 몇 시간 섬겨주고 떠나버린다고 하는데, 우리 같은 경우에는 꼬박 3일을 함께 섬기면서 사역했었다. 하나님이 우리 교회 청년들의 헌신과 열정을 특별하게 사용하신 것 같았다.

더욱 놀라운 것은 이전에 우리가 방문한 어느 가정에서 '치유'가 일어났다는 사실이다. 병든 상태로 거동도 제대로 못하던 노인이었는데, 우리 단기팀이 방문하여 간절히 기도한 이후로 그분이 교회도 잘 나오고 몸도 거의 회복된 상태라고 한다. 젊은 목사를 격려하려고 일부러 그렇게 말하는가 싶기도 했지만, 아무튼 나는 액면 그대로 하나님의 역사로 받아들이기로 했다.

'기적'은 이것으로 끝나지 않았다. 여전도사는 다른 마을에 가서 또다른 주일학교 사역을 시작했다고 한다. 거기에도 각종 이단들이 창궐하는 땅이라고 하는데, 30대 초반의 미혼 여성이 무슨 배짱으로 그러한 사역을 펼치는지, 기혼 남자인 나 같은 목사를 매우 부끄럽게 만들었다. 그곳에서도 동역자가 생겨 하나님의 은혜로 사역이 잘 진행되고 있다고 한다. 척박한 땅에서 믿음으로 승리하게 해 달라고 우리에게 기도를 부탁했다.

나는 몽골에서도 "여전히 일하시는 하나님"을 생생히 느낄 수 있었다. 우리가 보기에는 그곳이 매우 열악하고 척박한 땅으로 보이지만, 메마른 뼈를 소생케 하시는 성령의 은혜가 부어지면 바로 그곳이 하나님의 임재가 충만한 교회로 바뀔 수 있음을 다시 한 번 깨달았다. 세상의 눈으로 볼 때 도무지 불가능할 것 같은 일들이 성령의 능력을 통해 하나님의 역사로 나타날 수 있음을 확신하게 되었다!

나는 한국에서 찾아와 이 교회에 선교비를 전달하고 격려하는 정도이지만, 하나님은 이 교회를 통해 앞으로도 여전히 일하고 계시리라 확신한다. 십자가의 복음이 교리적인 논쟁거리가 아니라, 살아 계신 하나님의 실제적이고 초자연적인 능력임을 당신께서 입증하실 것이다. 그러고 보니 교회 이름을 '델힝히즈가르'(땅 끝까지)라고 정말 잘 지었다. 작은 공동체이지만 '땅 끝까지' 복음을 전하는 교회!

복음으로 교제하는 즐거움 (2017.9.21. 목)

오늘은 몽골 신학생들과 좀 더 친밀한 교제를 나눴다. 4일차 강의라서 그런지 서로가 조금 익숙해진 것 같았다. 신기하게도 강의 중에 몽골어로 통역하지 않아도 학생들이 간혹 알아듣는 경우도 있었다. 나도 간단한 단어나 문장은 알아들을 수 있는 경우도 있었다. 며칠 전에 처음 만났지만 십자가의 복음으로 서로가 하나라는 의식을 가진 듯했다.

무엇보다 정오 채플(chapel) 시간에 설교 말씀으로 그들을 섬길 수 있어 감사했다. 준비한 본문은 로마서 1장 16-17절이었다. 사도가 이전에 가장 수치스럽고 부끄럽게 생각하던 복음을 이제는 전혀 부끄러워하지 않는다는 그 고백을 하나님의 말씀으로 선포했다. 그리스도의 복음이야말로 모든 믿는 자에게 구원을 주시는 하나님의 초자연적인 능력임을 혼신의 힘을 다해 증거했다.

선교지의 교회 건설은 한 영혼이 십자가 앞에서 체험한 회심의 정도에 달려 있다고 해도 과언이 아니다. 국내 교회 건설도 마찬가지이지만, 영적 전쟁이 더욱 극심한 선교지에서는 더더욱 그러하다. 언어와 문화가 달라도 복음의 능력은 동일하므로 국내에서 내가 '체험한'

십자가의 복음을 몽골 신학생들과 깊이 공유하고 싶었다. 비록 통역사를 거쳐서 메시지가 선포되었지만, 설교자에게 임한 성령의 은혜가 동일하게 전달되었음을 확신했다.

채플 시간 후에 나는 신학생들과 함께 점심을 먹었다. 내가 몽골 음식을 힘들어할까 봐 어떤 분이 김밥과 김치를 사오셨지만, 나는 학생들과 똑같은 식사를 하고 싶었다. 식사는 참으로 소박했다. 칼국수 같은 것에다 양고기 몇 점이 들어 있는 정도였다. 어떤 날에는 밥 같은 것도 나왔다. 그런데 아무런 반찬도 없이 그릇 하나에 밥을 받아와서 끼니를 해결하고 있었다. 20-30대의 혈기 넘치는 젊은이들이 그런 소박한 점심을 먹으면서도 즐거워하는 표정이 무척 신기하게 보였다.

그 순간 나는 이 친구들의 점심 한 끼를 후원하기로 결심했다. 신학생 수십 명의 식사를 대접하는데도 우리나라 돈으로 그렇게 큰 금액이 들지 않았다. 한국의 동역자들이 모아준 선교비를 제대로 활용할 수 있어 정말 기뻤다. 그런 돈은 나의 소유가 아니기 때문에 선교지의 필요한 곳에 모두 사용하기로 벌써부터 마음먹고 있었다. 나는 다만 그분들이 파송한 전달자일 뿐이다.

이제 내일이면 그들과 마지막 수업을 진행해야 한다. 신약성경을 헬라어로 읽어낼 수 있도록 최선을 다해 그들을 섬겨야겠다. 그들이 알고 있는 복음을 더욱 세밀하게 갈고닦을 수 있는 탁월한 도구(코이네 헬라어)를 익히는 데 나의 재능과 열정을 모두 쏟아 부어야겠다. 하나님이 나의 어설픈 실력을 통해 그들에게 헬라어 본문을 읽어낼 수 있는 기쁨을 주시기를 간절히 소망한다. 감사하게도 '복음으로 교제하는 즐거움'을 누린 오늘 하루였다.

다음 만남을 위한 이별 (2017.9.22. 금)

어느덧 마지막 강의 시간이 되었다. 모든 만남이 그렇겠지만, 이번에도 몽골 친구들과 정이 들 만하니까 벌써 헤어질 순간이 다가왔다. 참 놀랍게도 오늘 강의를 마지막으로 헬라어 핵심 문법의 전반을 다 다루었다. 첫날에 이미 느꼈지만, 몽골인들은 다른 언어를 습득하는 속도가 정말 빠른 것 같다. 자꾸 그렇게 말하니까 신학교의 어떤 분은 어려운 걸 쉽게 가르치는 은사가 내게 있다고 하는데, 정말 그러한지는 주님만 아실 것이다.

사실 오전에 다른 '이별'을 한번 겪고 왔다. 출국 전날부터 상태가 안 좋던 셋째 녀석(23개월)이 독감 증세 때문에 엄마랑 하루 일찍 서둘러 귀국한 것이다. 요즘같이 일교차(20도 이상)가 엄청난 몽골 날씨는 면역력이 약한 유아들에게는 정말 치명적이다. 전날 낮에는 분명히 더웠는데 다음날 아침에 폭설이 내리는 것을 이번에 직접 경험했다. 아무튼 선교사님의 강권적인 조언 때문에, 급히 항공표를 구해서 셋째를 먼저 아내와 함께 한국으로 돌려보냈다.

그래서 첫째와 둘째 녀석이 오전부터 신학교에 와서 쓸쓸하게 시간을 보내고 있다. 강의 중인 아빠를 한번 쳐다보려고 문을 살며시 열고 닫았다를 반복했다. 그 순간 나는 마음이 짠해지기 시작했다. 동생이 아파서 먼저 가는 바람에 엄마랑 갑자기 이별하여 이제 의지할 데라고는 아빠뿐인데, 아빠가 강의한다고 자기들과 놀아줄 수도 없으니 얼마나 속을 태우고 있었을까! 강의실 복도에서 시간을 보내는 어린 두 아들을 생각하니, 강의하는 내내 마음이 편하지가 않았다.

하지만 이제 곧 기나긴 이별을 앞두고 있는 신학생들에게 마지막 집중력을 발휘했다. 신약 본문을 헬라어로 읽어야 할 필요성과 이유에 대해 다시 한 번 주지시키면서, 하나님의 말씀을 성도들에게 더욱 풍성하고 정확하게 전하기 위해 앞으로도 열심히 헬라어를 공부하도록 거듭 당부했다. 한 주간 교수의 입장이 되어 학생들을 가르쳐 보니, 신대원 시절에 우리를 지도하셨던 교수님들의 마음을 십분 이해할 수 있었다. 어떻게 하면 한 명이라도 더 헬라어를 깨우치게 만들 수 있을지를 고민하시던 당신의 노고를 이제야 깨닫는다.

그분들께 배운 어설픈 제자가 이제 그분들의 입장이 되어 한 주간 선교지 신학교를 섬겼다. 매일 바쁜 일정 속에서도 가족들이 모두 잠든 늦은 시간에 그들을 위해 시험 문제를 만들고 과제를 채점하며, 그들이 헬라어 성경에 익숙해지도록 은혜를 부어 달라고 하나님께 기도했다. 더 나아가 그들이 학문적으로 자립하여 현지인이 직접 신학생들에게 헬라어를 가르칠 수 있는 수준까지 가도록 주님의 도우심을 간절히 구했다.

드디어 한 주간의 집중강의를 모두 마쳤다! 감격스럽게도 신학생들이 날 위해 귀한 선물을 준비했다. 선교지 학생들이라 받는 데만 익숙한 줄 알았는데, 이런 부분에
서 선교사님께 훈련을 잘 받
은 것 같았다. 서로 아쉬운 마
음을 뒤로하고 오래 남을 만한
단체 사진 한 장을 찍었다. 오
전에 '이별'을 경험한 우리 두

아들도 함께했다. 그리고 다음 만남을 기약하며 우리 모두는 잠시(?)
이별하기로 했다. 내 이름을 한글로 적어달라는 그들의 마지막 질문
이 여운으로 오래 남을 것 같다.

이륙을 위한 도움닫기 (2017.9.23. 토)

새벽에 인천국제공항에 도착해 수면실에서 눈을 좀 붙였다. 탑승 시
간이 되어 일어나 아이들과 함께 부산으로 가는 비행기에 몸을 실었
다. 몽골에서 한 주간의 일정이 어떻게 지나갔는지 모를 정도로 정신
이 없었다. 공항 수면실에 있었던 것처럼, 조금 자다가 눈을 뜬 것 같
은 기분이다. 두 아들이 잠에서 깨기 싫어 울며 떼쓰는 걸 보니 꿈이
아니었다는 것을 실감했다.

오늘따라 비행기가 이륙하기 전에 도움닫기 시간이 유독 길게 느껴
진다. 탑승구에서 이륙장까지 얼마 안 되는 거리인데도, 하늘에서의
비행속도에 비하면 정말 천천히 이동하고 있었다. 지면에 바퀴가 맞
닿은 채 느린 속도로 한참을 이동하다가 마침내 이륙 진입로에 들어

섰다. 그리고는 잠시 멈추고 정면으로 뻗어 있는 직선 코스를 마주했다. 이륙을 위한 준비를 마친 것이다.

그런데 도움닫기와는 대조적으로, 얼마 지나지 않아 곧바로 비행기가 지면에서 뜨기 시작했다. 드디어 비행기는 자신의 '사명'대로 승객을 태우고 힘차게 하늘로 날아올랐다. 고도가 올라갈수록 창밖으로 내려다보이는 지상의 건물과 차량들이 아주 작아보였다. 우리 인간들이 일구어 놓은 화려한 최첨단 문명이라도 높은 고도에서는 어찌 그리 미천하게 보이는지……

하나님은 주권적인 은혜로 죄인을 부르시고 그를 통해 당신의 사명을 이루어 가시는데, 우리가 느끼기에 오랜 세월 동안 '도움닫기 수업'을 진행하신다. 신학생들이 하루라도 빨리 목사가 되고 싶어 하지만, 그전까지의 모든 과정을 찬찬히 밟게 하시는 것처럼 말이다. 하지만 많은 경우에 우리는 도움닫기 수업을 아주 지루하게 생각한다. 할 수만 있으면 그 수업을 건너뛰고 곧바로 이륙장으로 달려가려고 한다.

그러나 이것은 하나님의 법칙이 아니다! 특히 죄에 빠진 영혼을 건져 구원의 비행기에 태우고 하늘로 비상해야 하는 사역자들의 경우에는 더더욱 그러하다. 고강도의 훈련을 받지 않으면 수백 명의 목숨을 한순간에 위태롭게 할지도 모른다. 그래서 하나님은 당신에게 속한 양떼들의 안전을 위해서라도, 당신이 세우신 조종사들을 '도움닫기 수업'에 더욱 오래 머물게 하신다.

혹시 이 글을 읽는 그대는 사역자인가? 아니면 사역자가 되기 위해 준비과정에 있는 자인가? 물론 목사만이 아니라 캠퍼스 간사나 교회학교의 교사 모두에게 해당되는 것이다. 우리는 주님의 양들을 태우고 장차 완성될 하나님 나라로 비행해야 하는 파일럿이다. 우리의 하찮은 실수 하나 때문에 수백, 수천 명의 영혼이 죽을 수도 있다는 경각심을 가져야 한다.

자기 생각에는 이륙 진입로에 들어서고 싶어도, 주님이 보시기에는 아직 도움닫기를 해야 할 단계일 수도 있다. 나의 육신적 자아를 십자가에 못 박지 않고 '나의 목적지'에 도착하기 위해 그저 탑승객을 동원시키려는 악한 마음을 품을수록, 주께서 도움닫기를 더더욱 오래 시키신다. 나를 포함하여 모든 사역자들은 "나는 예외"라는 생각을 버려야 한다. 혹시나 나도 그런 생각에 사로잡히지 않았는가를 항상 점검해야 한다.

정말 더디게 보이는 도움닫기 수업이 마치면 어느덧 이륙 진입로에 서 있는 그대의 모습을 발견할 것이다. 하나님이 당신의 사명을 본격적으로 그대를 통해 이루어 가실 준비를 마치신 것이다. 그때가 되면 얼마 지나지 않아 그대가 품고 있는 비전이 하나님의 비전과 일치되어, 성령의 능력에 힘입어 마음껏 사역을 펼치면서 수많은 영혼들을 태우고 하늘로 날아오를 수 있을 것이다. 그리고 창밖에 내려다보이는 세상의 온갖 화려함들이 아주 미천하게 보일 것이다. '이륙을 위한 도움닫기'를 모두 마쳤기 때문이다.

· 세 번째 ·

몽골 땅에 계속되는
하나님 나라
(2018)

2018년 9월 9일부터 15일까지 1년 만에 몽골장로교신학교를 방문하여 헬라어 집중강의를 섬기면서 기록한 내용이다. 몽골 신학생들의 언어 습득 능력에 감탄했던 기억이 있다. 몽골 땅에 계속되는 하나님 나라를 여러 곳에서 엿볼 수 있었다.

가족들을 뒤로하며 (2018.9.9. 주일)

"아빠, 강의 잘하고 와! 안녕."

수화기 너머로 셋째의 목소리가 들려왔다. 아직 세 돌이 안 된 녀석이라 발음이 서툴다. 혀 짧은 소리를 내는 주경이의 격려를 듣는 순간 갑자기 마음이 짠해졌다. 그제야 실감나기 시작했다. 가족들을 뒤로하고 한 주간 몽골 땅에서 시간을 보내야 한다는 사실을.

평소에 "복음과 함께 고난을 받으라"(딤후 1:8)고 외치는 아빠의 진심을 아이들이 언제쯤 이해할 수 있을까? 죽는 그 순간까지 "예수 그리스도를 기억하라"(2:8)는 아빠의 부탁을, 세 아들이 과연 언제쯤 진심으로 받아들일 수 있을까? 사실 이 두 구절은 몇 년 전에 디모데후서를 읽다가 은혜를 받아 우리 집 가훈(家訓)이자 나의 유언으로 정한 것이다.

올해도 몽골 땅을 밟으려는 이유는 몽골의 신학생들과 복음의 능력을 나누고 싶기 때문이다. 가족들과 한 주간 이별하고서라도 십자가의 복음만이 몽골 땅의 소망이라는 사실을 신학교에서 함께 나누고 싶다. 단순한 헬라어 본문 강독이 아니라, 원문을 통해 말씀하시는 하나님의 마음을 깊이 공유하고 싶다. 심히 피곤한 몸이지만 새 힘을 주시는 그분의 은혜를 간절히 기대한다.

몽골에 무사히 도착 (2018.9.9. 주일)

마침내 칭기스칸 국제공항에 도착했다. 인천공항에서 3시간 반이 걸렸다. 밖으로 나오는 순간 한국보다는 훨씬 기온이 낮았다. 작년에 가족들을 데리고 왔을 땐 아침에 폭설이 내린 적도 있었다. 한국에서는 도무지 상상할 수 없는 9월이다.

마중 나온 선교사님의 차를 타고 숙소로 향했다. 벌써 세 번째 방문이라서 그런지 몽골의 수도가 그리 낯설지 않았다. 차가운 밤공기 때문에 벌써 나의 코에서는 연례행사인 비염 증세가 시작되었다. 울란바토르 특유의 냄새와 먼지가 증세를 한층 더 심하게 했다.

숙소에 들어와서 무릎을 꿇고 기도했다. 주말과 주일 사역으로 몸이 심히 고단했지만 그럴수록 더욱 주님의 은혜가 필요함을 느꼈다. 내 안에 선한 것이 하나도 없음을 알기에, 주의 성령을 내게 채우셔서 주께서 친히 나를 통해 역사하시기를 간절히 구했다.

> 보소서 주님 나의 마음을 선한 것 하나 없습니다
> 그러나 내 모든 것 주께 드립니다
> 사랑으로 안으시고 날 새롭게 하소서
>
> 주님 마음 내게 주소서 내 아버지
> 주님 마음 내게 주소서 나를 향하신 주님의 뜻이
> 이루어지도록 주님 마음 내게 주소서
> ......

주의 성령 내게 채우사 주의 길 가게 하소서

주님 당신 마음 주소서

주의 성령 내게 채우사 주의 길 가게 하소서

주님 당신 마음 주소서

휴대폰에 담아온 찬양곡(Ana Paula Valadao, "주님 마음 내게 주소서")이 나의 피곤한 심신을 달래어 기도에 집중하게 만들었다. 당장 내일 아침부터 시작되는 강의를 오직 주의 성령께서 이끌어 달라는 기도가 흘러나오고 있었다. 무엇보다 몽골의 신학생들을 사랑하는 마음을 품게 해 달라고 간구하였다. 내일부터 시작되는 헬라어 강의에 그분의 은혜가 깃들기를 기대한다.

1년 만의 재회 (2018.9.10. 월)

신학교 강의실에 들어가는 순간 작년으로 되돌아간 것 같았다. 몇 명을 제외하고는 작년에 수강했던 신학생들이 그대로 앉아 있었다. 올해는 작년에 이어 〈헬라어 2〉 과목을 들어야 하니까 당연한 이치이다. 사실 지난 겨울에 들었어야 할 과목인데, 헬라어 강사를 구하지 못해 한 학기가 더 연장된 것이다. 선교지 신학교의 열악한 현실이다.

이미 반가운 미소로 나를 알아보는 학생도 있었다. 작년에 한 주간 수업을 함께해서 그런지 나도 전혀 낯설지 않았다. 이번에는 헬라어 알파벳과 기초 문법을 할 필요 없다는 생각에 오히려 편안함마저 밀려왔다. 서로 언어는 다르지만 그리스도 안에서 한 형제자매라는 의식으로 모두가 한 마음이 되어 있는 듯했다.

다만 통역사가 작년과 다른 분이었다. 이번에도 탁월한 실력을 가진 통역사로 보였다. 사실 강의하는 사람보다 통역사가 이중으로 힘들다. 특히 통역사는 3개 언어(헬라어, 한국어, 몽골어)를 동시에 해야 하기 때문에 두뇌의 피로도가 훨씬 더 가중된다. 이미 졸업해서 신학교의 강사로 섬기지만, 후배들을 섬기는 마음으로 한 주 동안 함께할 귀한 동역자이다.

현지에서 나누는 교회 이야기 (2018.9.10. 월)

학장 선교사님과 다른 강사 한 분과 함께 저녁에 식사를 하고 티타임을 가졌다. 모두들 교회의 현실을 안타까워하면서 근본적인 문제를 진단하기 시작했다. 나이가 열 살 어린 나로서는 두 분의 대화를 경청하기에도 바빴다. 물론 간간히 용기를 내어 내 생각을 말하기도 했다.

참으로 신기한 것은 선교지에서나 조국에서나 교회의 문제는 대동소이하다는 사실이다. 강단에서 하나님의 말씀이 제대로 증거되지 않는다는 점을 주된 문제로 지목했다. 한국 교회도 그렇지만 몽골 교회의 상황도 심각했다. 설교자들이 거의 한결같이 성경 말씀과는 동떨어진 이야기를 늘어놓는다고 한다. 특히 몽골에 건너온 초기 선교사들의 강한 은사주의 색채와 교리의 부재가 지금 현지인 사역자들에게 고스란히 묻어나고 있다. 본문 연구에 대한 빈약함과 신학의 실종이라는 열매를 이제 맛보고 있다는 것이다.

그래서 십수 년 전에 장로교 선교사들이 뜻을 모아 기존의 초교파 연합신학교로부터 분리되어 나왔다. 이것이 바로 몽골에서 유일하게 개혁주의 신학과 교리를 가르치는 '몽골장로교신학교'의 기원이다. 철저하게 바른 말씀과 교리를 바탕으로 현지 신학생들을 교육시켜 목회 현장에 내보내려는 정신으로 무장되어 있다.

참으로 아이러니하게도 조국 교회의 상황도 거의 다를 바가 없다. 설교자들이 강단에서 하나님의 말씀을 대언한다는 의식이 별로 없다. 신학적 수준은 선교지의 그들보다 뛰어날지 모르지만, 본문에 나타난 하나님의 말씀보다는 청중의 이목을 끄는 예화나 간증이 설교의 주된 내용인 경우가 많다. 다행히 수년 전부터 교리 열풍이 불고 있긴 하지만, 이것도 한때의 유행처럼 지나갈까 봐 마음이 편하지는 않다.

사도행전의 초대 교회도 그러했지만, 하나님의 말씀이 성령의 능력에 힘입어 증거될 때 교회의 부흥이 찾아온다. 교회의 생명력과 역동성이 살아나려면, 무엇보다 능력 있는 말씀이 선포되어야 한다. 이런 맥락에서 보면 타문화권 선교 역시 바른 교리를 바탕으로 한 바른 말씀 선포에 기초한다. 그렇기 때문에 선교지 신학생 한 명을 제대로 세우는 일이 참으로 중대하다! 우리가 한국에서 이미 지켜보고 있지 않은가? 목회자 한 명이 자신의 설교를 통해 교회의 건강에 얼마나 지대한 영향을 미치고 있는지 말이다.

생각보다 괜찮은 피드백 (2018.9.11. 화)

이튿날 강의 일정이 시작되었다. 오늘은 베드로의 신앙고백이 담긴 마태복음 16장 13-20절을 다루었다. 어제보다 헬라어 본문을 읽어내는 데 신학생들이 훨씬 적응한 것 같았다. 더욱이 평소에 학장 선교사님의 방침에 따라 매주 일정 분량을 정해서, 해석하지는 않지만 소리를 내어 본문을 읽어왔다고 한다.

굳이 문장을 일일이 해석하지 않아도 이런 시도 자체가 큰 도움이 된다. 왜냐하면 언어는 노출되는 시간에 따라 습득 여부가 크게 달라지기 때문이다. 이런 점에서 그들은 헬라어 강독을 위한 잠재력을 이미 지니고 있었다.

사실 내가 강독을 진행하는 방식이 이미 그런 방법을 포함한다. 언어학으로 접근하는 것이 아니라, 언어 자체를 접하게 하는 방식으로 진행한다. 문법 용어를 잘 몰라도,
또 문장을 당장 해석하지 못해도 일단 무엇이 동사이고 명사 등인지를 분간할 수 있는 직관부터 가지게 만든다. 이와 동시에 각 단어의 일정한 패턴(어미변화 등)을 학생들이 발견하면, 그것이 무엇을 의미하는지 스스로 어느 정도 유추해 보게 한다. 그리고 나서 최종적으로 내가 정리하고 문장을 해석해 주는 방식을 취한다.

오전 1교시를 마치고 쉬는 시간에 어떤 학생이 통역사에게 말하고 있는 것을 지켜봤다. 무슨 대화를 했는지 물어봤더니, 지금 학생들의 피드백이 아주 긍정적이라고 했다. 이제껏 헬라어 성경을 읽어도 너무 막막했는데, 드디어 조금씩 본문을 이해할 수 있겠다는 자신감이 생긴다고 했다. 통역사도 이제껏 지켜본 방법 중에 지금 이 방식이 최고인 것 같다고 평가했다.

그 순간 나는 더욱 뿌듯한 마음을 가지고 하나님께 감사했다. 동시에 옛 추억도 떠올랐다. 고등학교 때 언어 과목들이 너무 힘들어 영어를 포기할 뻔한 적이 있었다. 그런데 어느 날부터 작심하고 뜻도 모른 채 로마서 영어 본문을 암송했는데, 그때 하나씩 터득한 방법들이 이럴 때 아주 요긴하게 쓰이고 있었다. 정말이지 '영어 깡통'에서 영어 전공자로 거듭나게 하신 하나님의 능력이 선교지에서도 여전히 통하고 있었다. 남은 한 주간 몽골의 신학생들에게도 동일한 은혜를 기대해 본다.

인도 음식 체험 (2018.9.11. 화)

오늘 저녁에는 학장 선교사님이 우리 강사들을 인도 음식점으로 데려갔다. 몽골에서 인도인이 운영하는 레스토랑이었다. 여느 때는 몽골의 한국 음식점에 자주 갔다. 혹시 강사들이 현지 음식을 불편하게 느낄까 봐 배려하는 차원이다. 실제로 한국인들이 몽골에 와서 제일 힘들어하는 것이 음식이라고 한다. 물론 나처럼 별 상관없는 사람도 있지만.

어릴 때부터 나는 의식주(衣食住)에 별로 관심이 없다. 아직까지 내 손으로 옷을 사 본 적이 없고, 무엇을 특별하게 먹고 싶다는 생각을 해 본 적도 없다. 또 좋은 주택에 한번 살아보고 싶다는 생각도 해 본 적이 없다. 그렇기 때문에 무엇을 먹든지 배만 부르면 되고, 배탈만 안 나면 된다는 식이다. 내가 생각해도 나 같은 사람이랑 같이 있으면 삶의 흥(興)이 없을 것 같다. 평소에 아내가 늘 하는 말이다.

여하튼 생전 처음으로 현지인이 만들어 주는 인도 음식을 체험해 봤다. 나한테는 메뉴판 자체가 생소했지만, 다른 강사 목사님은 이미 세계 각국의 음식을 꿰뚫는 전문가 수준이다. 선교지 강의 경력만 10년이 넘어서 그런지, 여러 나라의 음식을 이미 경험하고 그 맛을 이리저리 평가할 정도이다.

우리가 주문한 메뉴는 탄두리 치킨(tandoori chicken)과 커리(curry)와 난(naan)이었다. 전형적인 인도의 대표 음식이라고 한다. 생각보다 먹을 만했다. 음식 맛에 별 관심 없는 나 같은 사람도 맛있다고 느낄 정도였다. 바로 옆에 투명한 칸막이 너머로 탄두르(tandoor, 화덕)가 보여서 인도의 분위기를 한층 돋우었다.

하나님이 지으신 창조 세계에 이렇게 다양한 음식이 있다는 게 참으로 신기했다. 틀어박혀서 글만 쓰고 사역만 할 것이 아니라, 이런 데에도 관심을 좀 가져야겠다는 생각이 든다. 맛있는 음식을 통해 사람이 누릴 수 있는 기쁨이 무엇인지 이제부터 좀 느껴봐야겠다. 어릴 때부터 인생을 너무 각박하게 살아서 그런지 아직까지 그런 기쁨을 경험해 보지 못했다. 놀 줄 모르고 즐길 줄 모르는 가장이랑 같이 사는 가족들이 좀 답답해할 수도 있겠다는 생각이 밀려왔다.

열정적인 강의실 분위기 (2018.9.12. 수)

아침에 강의실에 들어왔는데 뭔가 다른 분위기가 느껴졌다. 매일 수업 전에 치는 퀴즈에도 다들 진지하게 임하는 것 같고, 특히 각자 헬라어 본문을 소리 내어 읽는 데 뭔가 다른 열정이 느껴졌다. 혹시 나 혼자 착각하는가 싶어 통역사에게 물어봐도 마찬가지였다. 평소와는 달리 신학생들이 열정을 가지고 수업에 임하는 것 같다고 말했다. 물론 뒤편에 앉아서 요령을 피우는 한두 명이 눈에 띄기도 했다.

강사의 직관으로 분석해 보자면, 이제껏 거의 불가능해 보였던 원문 강독을 자신들도 할 수 있다는 일말의 가능성을 발견했기 때문이다. 나는 정말 약간의 도움만 줬을 뿐인데, 학생들이 열정적으로 반응해 줘서 그저 감사할 따름이다. 고등학교 때 영어를 못해 포기할 뻔했기 때문에 나는 이들의 마음을 너무나 잘 알고 공감한다. 그때 나를 지도해 줄 사람이 없어 공부하는 데 엄청 외로웠던 기억이 있다.

기본적으로 몽골 사람들은 언어 습득력이 다른 민족에 비해 탁월하다. 모든 선교사들이 그렇게 말한다. 통역사만 봐도 알 수 있다. 한국어 실력이 얼마나 탁월한지, 유창성만 따지면 평소 어눌한 스피치를 가진 나보다 훨씬 더 탁월하다. 몽골인들은 기본적으로 언어를 통째로 인식하는 것 같다. 분석적 인식이 아닌 종합적 인식으로 언어를 대하는 것 같다. 13세기에 이미 세계 최대 영토를 점령한 칭기즈칸(Chingiz Khan, 1162~1227)의 기개(氣槪)가 혹시 후손들에게 그런 영역에서 전수되고 있는 것은 아닐까.

초원 위의 뜻 깊은 수양관 (2018.9.12. 수)

몽골에 올 때마다 끝없는 초원과 대자연이 정말 부럽다. 도시 문화를 힘들어하는 나 같은 사람은 영혼의 고향처럼 느껴진다. 이번에도 선교사님에게 졸라서 수업을 마치고 가까운 외곽으로 좀 가자고 했다. 보통 테를지 국립공원으로 가는데, 이번에는 공사 때문에 진입로가 막혀 가초르트 초원지대로 향했다.

역시나 가는 길이 평탄하지는 않았다. 우리나라에서 수십 년 전에나 보던 비포장도로가 도시 구역을 조금만 벗어나자 계속해서 이어졌다. 큰 구덩이 수준의 움푹 패인 곳이 군데군데 있어서 탑승차량을 이리저리 심하게 흔들었다. 작년에 테를지에서 말 타는 기분과 거의 흡사했다. 다들 승마를 즐기는데 나 혼자 '말 멀미'를 했던 기억이 문득 떠올랐다.

가초르트로 들어서자 흥미롭게도 한국어 간판을 달고 있는 건물을 발견했다. 자세히 보니 '서지연 선교사 기념 수양관'이었다. 선교사님의 설명에 따르면, 2001년 7월에 한국의 금호교회 서지연 자매가 선교를 위해 몽골로 가던 중 순교한 것을 기리며 건축한 것으로, 몽골

땅에서 한국인 이름으로 세워진 최초의 건물이다. 대학교 4학년의 꽃
다운 나이로 몽골 땅을 품다가 일찍 하나님의 부르심을 받은 귀한 영
혼이다.

사연을 듣는 순간 가슴이 먹먹해지기 시작했다. 인생의 가장 아름
다운 시기에 꿈도 펼쳐보지 못
했지만, 선교지를 품은 대가로
순교라는 '가장 아름다운 꿈'을
펼친 경우이다. 또 어떤 경우
에는 단기선교를 왔다가 현지
인 집에서 전기공사를 돕는 중

에 감전사를 당해 생을 마감한 청년도 있었다고 한다.

이처럼 하나님은 십자가의 복음을 선교지에 심으시기 위해 때로
는 숭고한 희생을 요구하신다. 온 세상이라는 선교지에 당신의 아들
을 십자가의 제물로 세우신 그 마음을 우리에게 일깨워 주시기 위함
일까? 예수께서 인류 최초의 밀알이 되어 죽으셨듯이, 한 나라의 복음
이식을 위해 그분의 죽음을 모방하는 '작은 밀알들'을 때때로 세우시
는 것 같다. 혹시 주님이 나를 그런 밀알로 부르신다면 과연 나는 순종
할 수 있을까?

쇼킹하지한 최고의 점심 (2018.9.13. 목)

이곳 신학교는 매일 점심시간에 채플이 진행된다. 말씀과 기도로 반드시 채플을 드린 후에 식사 시간을 갖는다. 신학생들의 실제적인 경건훈련이 이루어지는 시간이다. 오늘은 특별히 현지인 교회에서 채플도 섬기고 신학생들을 위해 특별 메뉴까지 준비해 왔다. 그 순간 나도 10년 전 신대원 재학 시절에 지역 교회의 섬김을 받던 기억이 떠올랐다. 교회의 미래를 책임 질 신학생들을 섬기려는 마음은 어느 나라나 동일한 것 같다.

학장 선교사님과 강사들이 밖에서 점심을 먹고 들어왔는데, 그 특별 메뉴가 무엇인지 눈으로 보게 되었다. 몽골 현지인들에게는 먹음직스럽겠지만, 우리 같은 이방인들에게는 비주얼(visual) 자체가 일단 쇼킹했다. 끔직하게도(?) 양 머리만 잘라서 요리한 것인데, 현지어로 '헌니털거에'라고 불렸다. 말 그대로 '양의 머리'라는 뜻이다. 눈알과 이빨이 그대로 박혀 있는 채로 요리를 해서 쇼킹함을 더욱 가중시켰다.

식사를 했지만 우리 강사들에게도 한 접시가 제공되었다. 나는 어릴 때 시골 농장에서 아무거나 먹고 자라서 그런지 시식하는 데 큰 어려움은 없었다. 오히려 담백한 맛이 강해서 맛있게 느껴질 정도였다. 작년부터 세 차례 몽골을 방문했지만, 신기하게도 현지 음식 때문에 탈이 나거나 어려움을 겪은 적이 없었다. 도리어 몽골에서 파는 한국 음식이 너무 짜서 힘들었다.

음식 문화도 상대적이라는 생각이 든다. 오후에 수업하면서 학생들에게 물어보니, 그들은 오히려 한국 사람들이 끔찍한 요리를 즐기는 것 같다고 한다. 자기들은 개를 잡아먹지 않는데, 한국인들은 개를 사정없이 두들겨 패서 잔인하게 요리를 해 먹는다고 푸념했다. 더욱이 미소를 짓는⑴ 돼지 머리만 잘라서 상 위에 덩그러니 올려놓는 경우도 쇼킹하다고 했다.

사실 그들이 쇼킹하게 느끼는 짓을 나도 어릴 때 마지못해 해야 했다. 시골에서 가축 농장을 했기 때문에 때때로 도끼를 들고 돼지 대가리를 때려 죽여야 했다. (당시에 나는 사춘기 소년이었다.) 살아 있는 짐승을 죽이는 것이 얼마나 끔찍한 일인지 몸소 경험했다. 이외에도 개를 나무에 매달아 놓고 죽을 때까지 두들겨 패는 장면도 여러 번 목격했다. 아무튼 우리 한국인도 쇼킹한 음식을 만드는 데는 그들 못지않은 전문가이다. 오히려 더 '탁월'할지도 모르겠다.

여전히 고군분투하는 그녀 (2018.9.13. 목)

오늘은 수업을 마치고 현지 교회를 방문했다. 여러 동역자들이 보내준 선교비를 전달하기 위해서이다. 새로운 교회를 방문할까 하다가 이번에도 작년부터 알고 지내는 델힝히즈가르 교회를 방문했다. 신학교에서 차를 타고 한참 외곽으로 나가야 하는 위치에 있다. 벌써 세 번째 방문이라서 그런지 가는 길이 전혀 낯설지가 않았다. 하지만 몽골의 도로 사정이 좋지 않아 역시나 가는 길이 평탄하지는 않았다.

거친 철제로 된 교회당 문을 열고 들어가니 동네 아이들이 와 있었다. 평일인데도 아이들이 교회당에 모여 여전도사님이랑 놀고 있었다. 딱히 놀이시설이 없기 때문이기도 하지만, 동네 아이들을 사랑하는 사역자의 진심을 그들이 느끼기 때문이리라.

이단이 창궐하는 척박한 지역에서 미혼의 여성 사역자가 고군분투한다는 자체가 참으로 도전이 된다. 사택이 작년보다 조금 개선되었지만, 우리가 볼 때는 여전히 창고 같은 공간이다(사진 참고). 난방 시설도 제대로 안 갖춰진 이곳에서 이제 곧 들이닥칠 강추위와 씨름해야 한다고 생각하니 저절로 마음이 찡해졌다. 십자가의 복음에 미치지 않고서는 이런 '정신 나간' 사역을 감당한다는 자체가 불가능하다.

선교사님의 통역에 힘입어 교회 상황에 관해 대화를 나눴다. 작년에 우리가 심방했던 어느 가정의 할머니가 소천했다는 소식을 들었다. 열 살을 갓 넘긴 소녀가 집안 살림을 도맡아 하며 선천적 장애를 가진 언니까지 돌봐야 하는 가정이다. 이 지역의 이단 집단은 돈이 많아서 무료로 주민들에게 병원 치료를 받게 해 주고 각종 편의 시설까지 제공해 주는데, 바른 신앙을 가진 이 교회 성도들은 의도적으로 그러한 기회를 거부하며 살고 있다. 그러면서 매주 예배시간에 "예수 우리 왕이여!"라는 찬양을 고백한다. 자신들이 그렇게 살도록 이끄시는 그분의 특별한 섭리를 깨닫는 고백이라고 믿는다. 예수님을 믿어 상황이 전혀 나아진 것도 없지만, 그럼에도 불구하고 그분을 자신들의 왕으로 고백하는 그들의 신앙이 더욱 순전해지길 기도한다.

이러한 고백은 아마 그들을 양육하는 여전도사의 삶을 통해 배워 자연스럽게 흘러나오는 것일 게다. 이단들의 틈바구니에서도 고군분투하며 바른 신앙으로 성도들과 아이들을 목양하려는 그녀의 거룩한 열정이 일구어 낸 결과이다. 하지만 그녀도 사람인지라 오늘은 작년에 비해 조금 지쳐 보인다. 주께서 예비하신 평생의 동역자를 얼른 만나, 둘이 함께 하나님 나라와 교회를 위해 힘쓸 수 있기를 간절히 기도한다.

또다시 아쉬운 이별 (2018.9.14. 금)

어느덧 몽골의 신학생들과 함께하는 마지막 날이 되었다. 선교지라서 그런지 한 주가 정말 빠르게 지나가는 것 같다. 오늘은 로마서 5장 1-11절의 헬라어 본문을 면밀히 살펴보았다. 본문은 특히 칭의(justification)의 결과에 관한 것인데, 어찌 보면 선교지에서 가장 필요한 말씀일지도 모른다.

> [1]그러므로 우리가 믿음으로 의롭다 하심을 받았으니, 우리 주 예수 그리스도로 말미암
>
> 아 하나님과 화평을 **누리자**(Gr. "누리고 있다"). [2]또한 그로 말미암아 우리가 믿음으로

서 있는 이 은혜에 들어감을 얻었으며, 하나님의 영광을 바라고 즐거워하느니라. ³다만 이뿐 아니라 우리가 **환난 중에도**(Gr. "환난을") 즐거워하나니, 이는 환난은 인내를, ⁴인내는 연단을, 연단은 소망을 이루는 줄 앎이로다. ⁵소망이 우리를 부끄럽게 하지 아니함은 우리에게 주신 성령으로 말미암아 하나님의 사랑이 우리 마음에 부은 바 됨이니……

소망이 없던 죄인이 하나님께 무죄 선고를 받고 의인으로 인정받은 인생 최대의 사건이 바로 칭의(稱義)이다! 이 칭의의 복음이야말로 선교지의 모든 절망적인 상황을 극복하게 하는 최고의 동력임이 틀림없다. 하나님의 영광을 바라고 즐거워하게 하는 이 은혜는 우리의 어떤 환난이라도 그것을 즐거워하게 만든다. 왜냐하면 "환난은 인내를, 인내를 연단(또는 '입증된 성품')을, 연단은 소망을 이루는 줄" 알기 때문이다. 하나님의 사랑이 성령을 통해 우리 마음에 부어졌기 때문에, 그러한 소망이 결코 우리를 부끄럽게 하지 않음을 확신할 수 있다!

원문을 강독하면서 사도의 진술에 담긴 그의 불타는 가슴을 신학생들과 함께 나누었다. 헬라어 강독의 목적은 단순히 문장을 해석하는 데 있는 것이 아니라, 본문 속에 담긴 하나님의 마음을 생생히 일깨워 주는 데 있다. 주께서 우리 신학생들의 심령을 하나님의 사랑으로 더욱 충만하게 하셔서, 그들이 칭의의 은혜를 더욱 깊이 깨달아 동족들에게 십자가의 복음을 능력 있게 증거하게 하시기를 기도한다. 칭의가 단순히 신학적 논쟁거리가 아니라, 선교를 실제적으로 불러일으키는 거룩한 동력이 되기를 간절히 소망한다.

작년에도 마지막 시간이 되게 아쉬웠는데 올해도 마찬가지이다. 정든 사람들과의 이별은 언제나 아쉬운가 보다. 아쉬움을 조금이라도 달래기 위해 오늘 점심은 학생들과 함께 학교에서 먹었다. '골야시'라는 이 음식은 예전에 러시아에서 들어온 것이라고 하던데, 역시 내 입에는 정말 맛있게 느껴졌다. 어제 먹다 남은 '헌니털거에'(양 머리 요리)를 가져와서 같이 먹었다. 비록 서로 말이 통하지 않아도 함께하는 데 전혀 어색함이 없었다.

이제 마지막 강의라고 생각하니까 오후에도 최선을 다했다. 가르치는 자나 배우는 자나 매번 마지막 강의라고 생각한다면, 아마 진지한

태도가 유지되고 학습의 효과도 극대화될 것 같다. 역시 사람은 마지막이 되어야 진짜 마지막을 실감하나 보다. 모든 강의를 마치고 한 명씩 악수를 나누며 눈을 마주치면서 기약 없는 다음 만남을 기대했다. 어떤 학생은 한국어로 감사 인사를 건네기도 했다. 덩달아 나도 간단한 몽골어로 화답했다. 언제 준비했는지 학생들이 귀한 선물을 이번에도 건넸다. 그리고는 단체 사진을 한 컷 찍었다. 이 한 컷의 사진에는 한 주간 서로 함께한 추억이 '영원'이라는 형태로 간직되어 있는 듯했다.

인생의 Transfer Lounge (2018.9.15. 토)

울란바토르 공항(칭기즈칸 국제공항)에서 거의 자정에 비행기를 타고 다시 한국으로 향했다. 비행기 탈 때마다 느끼는 것이지만 새벽 비행은 참으로 묘한 기분을 들게 만든다. 하루가 시작되는 시간대에 하늘을 날아다니며 국경을 넘나드는 자체가 많은 것을 생각하게 한다. 모두가 잠든 시간에 높은 하늘 위에서 그날을 미리 내다보게 하며, 또한 앞날을 멀리 내다보게 하는 특별한 마력(魔力)이 있다.

이런 저런 생각에 잠기다가 잠시 졸고 일어났더니 인천국제공항에 도착했다. 함께한 강사 목사님과 함께 환승 휴게실(Transfer Lounge)을 찾았다. 모두가 잠든 새벽이라 수면실마다 자리가 없었다. 우여곡절 끝에 빈자리를 발견해서 잽싸게 짐을 들고 이동했다. 이럴 때만큼은 목사로서 남을 향한 배려보다 수면욕에 사로잡혀 본능에 충실하려는 욕구가 발동했다.

이제 몇 시간 후면 다시 부산행 비행기를 타고 김해공항으로 떠날 것이다. 그 순간 환승 대기 시간을 보내는 나 자신이, 사역의 길을 이제껏 열심히 달려오다가 잠시 멈추고 마치 앞날의 방향을 생각해야 하는 '사역 Transfer Lounge'에 있는 것처럼 느껴졌다. 아직 젊은 부목 사이지만 사역 스타일이 좀 별나고 사역 범위가 너무 커진 상태라, 갈수록 결단을 내려야 하는 무언의 압박을 느낀다. 외부의 압박이라기보다 나 스스로 그렇게 느끼는 중이다.

탑승 시간이 다가와 잠에서 깨어 공항 내부의 수많은 탑승구를 쳐다보니 더욱 그런 생각이 밀려왔다. 각각의 탑승구는 모두 다른 나라와 다른 지역으로 이곳의 사람들을 인도할 것이다. 어디로 갈 건지는 사람들의 수중에 있는 티켓에 따라 이미 정해져 있다. 마찬가지로 나도 어느 방향으로 나아갈 건지는 내 마음에 있는 '사역 티켓'에 따라 정해져 있을 것이다. 다만 그것을 끄집어 내지 않았을 뿐이다. 이제 어느 '탑승구'로 들어갈지 서서히 결정할 때가 온 것 같다.

　사역자들뿐 아니라 모든 사람의 인생에도 Transfer Lounge가 곳곳에 있다. 인생의 여정마다 각 라운지(Lounge)에서 어떤 결단을 내려야 할지는 성령의 이끄심에 반응해야 하는 각자의 몫이다. 성령께서 지금 나의 상황을 어떻게 섭리하고 계시는지 계속 분별하는 중이다. 하나님 나라와 교회를 위하는 최선의 '탑승구'로 들어서도록 그분의 인도하심에 민감하게 반응해야겠다. 인생의 Transfer Lounge에서 잠시 휴식 중인 우리를 또 다른 곳으로 보내시는 그분의 마음을 더욱 헤아려야겠다.

· 네 번째 ·

필리핀에서 보낸
아름다운 선교 휴가
(2019)

2019년 8월 20일부터 28일까지 가족들과 함께 필리핀에서 선교 휴가를 보내며 기록한 내용이다. 2년 전 몽골에서의 힘든 기억과는 달리 가족들이 세부와 보홀에서 아름다운 휴가를 보냈다. 무엇보다 나에게는 보홀신학교를 본격적으로 섬기는 첫 계기가 되었다.

가족들과 또다시 비행 (2019.8.20. 화)

"와, 비행기가 날고 있어!"

창밖의 야경을 보며 세 아들이 환호성을 질렀다. 몽골에 혼자 방문한 작년과는 달리 올해는 온 가족들과 함께 필리핀으로 가는 비행기를 탔다. 더욱이 이번에는 장모님도 함께 시간을 보내게 되었다. 아이들을 살펴주실 지원군이 생겨 가장으로서 마음이 참 든든하다.

온 가족이 해외로 가는 건 2년 전에 이어 두 번째이다. 평소 가족들과 시간을 진득하게 못 보내는 나에게는 더할 나위 없이 좋은 기회이다. 물론 보홀의 신학생들과 함께해야 하기 때문에 어쩔 수 없이 일부 시간을 떨어져 있어야 한다. 그래도 선교지에서 가족들과 함께 보낼 수 있어 벌써부터 행복해진다.

지난주 무리한 사역 일정 때문인지 심신이 매우 피곤하지만, 선교지 신학생과 성도들을 생각하니 그런 피로 정도는 거뜬히 이겨낼 수 있을 것 같다. 무엇보다 가족들과 선교적 마인드를 공유할 수 있어 정말 큰 희열이 밀려온다.

뼛속까지 목사라서 그런지 가족 휴가조차 무의미하게 보내는 걸 힘들어한다. 이번 기회에 그런 강박을 좀 떨쳐보려고 하는데 잘될지는 모르겠다. 그동안 집회 강사로 다니며 모아둔 재정을 이번에 가족을 위해 다 쓰려고 단단히 마음먹었다.

벌써 3년째 선교지 신학교 사역에 힘쓰고 있다. 아무도 시키지도 않은 일에 쓸데없는(?) 사명감에 사로잡혀 그냥 좋아서 감당하는데도 정말 많은 이들이 기도와 물질을 후원하고 있다. 작년까지는 매번 700만원씩 들어왔는데, 올해는 1,200만원이 훨씬 넘었다. 물론 현지에서 지출하는 가족 헌금(경비)을 포함한 액수이다.

최근에 어떤 동료가 나에게 해 준 말이 있다. 내가 사역에 대한 열정과 진정성을 일상으로 보여줘서 많은 사람들이 후원에 동참하는 것 같다고 말이다. 나도 공감이 가는 말이라서 그냥 수용하기로 했다. 정말이지 나는 하나님 앞에서 혼신의 힘을 다해 사역할 뿐이다. 아무도 알아주지 않아도 주께서 기뻐하시면 그걸로 만족한다.

첫 글을 쓰고 나니 드디어 선교지 방문을 위한 마음이 다잡힌다. 혼란스러웠던 마음이 어느덧 성령으로 충만해진 상태가 된 것 같다. 보홀의 신학생들에게 성령론을 강의하기 전에 강사가 먼저 성령 충만을 누려야겠다. 나의 영이 갈망하는 대로 주께서 성령 충만의 은혜를 부어 주시기를.

문화적인 편견을 벗어야! (2019.8.21. 수)

몇 시간 못 자고 일어나 가족들과 허겁지겁 아침 먹으러 내려갔다. 오늘 새벽 늦게까지 깨어 있어서 배가 많이 고팠다. 친절하게도 현지인 가이드 자매가 기다리고 있었다. 식사를 같이 하면서 이런 저런 대화를 나누었다.

주변에 한국 사람들이 생각보다 많이 보였다. 다들 식사를 마치고 자연스럽게 자기 그릇을 들고 일어서는데, 옆 테이블에 있던 사람들은 그냥 놔두고 가버렸다. 내 눈에 정말 꼴불견으로 보여 나도 모르게 불쑥 말을 내뱉었다.

"They seem to be bad people."

(저 사람들 나쁜 것 같아요.)

"Filipinos usually leave the dishes on the table."

(필리핀 사람들은 보통 빈 그릇을 테이블 위에 올려두고 가요.)

그 순간 내가 실수했다는 생각이 들었다. 한국에서야 구내식당에서 자기 그릇을 치우는 게 일반적이지만(일반 음식점 제외), 필리핀에서는 치우지 않는 게 오히려 일반적인 것 같았다. 물론 Self Return을 유도하는 구내식당도 있다고 한다. 관광객이 많아 빨리 치워야 하는 세부(Cebu)라서 그런 듯하다.

아무튼 필리핀 방문 첫날부터 내 안에 내재된 편견을 발견하게 되었다. 평소에 편견 없이 사람을 대한다고 자부했는데 아직도 성화되지 못한 부분이 보여 살짝 절망했다. 내일 오후에 보홀로 들어가기 전에 사소하지만 소중한 걸 깨달아서 감사했다. 이따 오후에는 어떤 일이 벌어질지 벌써 기대가 된다.

미사 현장에서 한 컷 (2019.8.21. 수)

수요일 저녁인 줄도 모르고 관광 명소를 찾았는데 어느덧 '예배'의 현장으로 갔다. 목사의 본능이 나도 모르게 발동된 것 같았다. 그런데 개신교 예배가 아니라 카톨릭 미사(Mass)가 집전되는 현장이었다.

관광객들이 즐겨 찾는 산토 니뇨 성당(Basilica Minore Dei Santo Nino)에 온 가족이 함께 내렸다. 1565년에 세워진 이 성당은 어린 예수상으로 유명하다고 한다. 당시 전쟁이 나서 모든 건물이 불타 버렸는데도 어린 예수상만 파손되지 않아 많은 현지인들에게 추앙을 받게 되었다고 한다. 카톨릭 성당이 대체적으로 그렇지만, 산토 니뇨 역시 온갖 조각상과 화려한 내부를 자랑하고 있었다.

미사가 진행되는 동안 사진 촬영이 금지되는데 그냥 몰래 한 컷 찍어 버렸다. 옆쪽에 트인 문으로 들여다보니 가히 웅장한 분위기 속에서 그들만의 '예배'가 진행되고 있었다. 전면에는 온갖 '성인들'의 조각상을 벽면에 부착해 놓고 거기다 대고 사제들과 회중이 마음의 소원을 아뢰고 있는 듯했다.

자리가 꽉 차서 안으로 들어가지 못한 사람들은 복도에서 '예수'의 형상을 보며 기도하고 있었고, 바깥에서는 촛불을 켜놓고 간절한 태도로 자신들의 소원을 빌고 있었다. 참 아이러니하게도 개신교 예배자들보다 훨씬 더 엄숙해 보이고 간절한 태도를 취하고 있었다.

목사로서 한 가지 궁금해지기 시작했다. 그들이 미사 현장에서 보이는 엄숙함과 간절함이 우리의 예배 현장에는 재현될 수 없을까? 물론 그들은 우리와 동일하게 삼위 하나님  을 올바로 예배하는 것이 절대 아니다! 그런데도 그들이 '예배' 중에 보이는 엄숙함과 간절함과 집중력이 우리를 부끄럽게 하는 측면이 있어 보이는 건 왜 그럴까?

그들이 보이는 진지한 태도는 감성을 자극시키는 파이프 오르간 연주 때문만은 아닌 듯하다. 또한 이기적인 자기 욕심을 채우려고 조각상 앞에 무작정 빌기만 하는 그런 태도는 더욱 아닌 것 같다. 타락한 인간 안에 내재된 가장 세련되어 보이는 종교심의 발로라고 표현할 수 있을지 모르겠다.

아무튼 뭔가 모르겠지만 카톨릭 신자들이 보이는 진지한 태도를 우리 식으로 재현해 내는 노력이 필요하다고 본다. 성경에 계시된 대로 정확하게 믿는 우리가, 최소한 그들보다는 더욱 진지하고 엄숙하게, 그리고 열정적으로 삼위일체 하나님을 예배해야 하지 않겠는가?

그럼에도 돌아오는 길에 안타까운 마음을 금할 수 없었다. 그들이 조각상 앞에서 빌고 '예배'(미사) 중에 향을 피우는 모습은 마치 미신을 따르는 전형적인 우상 숭배자들처럼 비춰졌다. 주께서 세부(Cebu)에 사는 카톨릭 신자들에게도 구원의 은혜를 베풀어 주시기를 간절히 기도한다.

"이곳에 생명샘 솟아나" (2019.8.21. 수)

세부에서 가장 높다고 하는 탑스 힐(Top's Hill)로 향했다. 가는 길에 세부의 하층민들을 목격했다. 마치 '70-80년대 우리나라의 모습을 보는 것 같았다. 폐허로 보이는 건물인데도 렌트(rent)해 준다는 전단지가 붙어 있고, 동네 아이들도 밤이 늦도록 옹기종기 모여 길에서 시간을 보내고 있었다.

시내에서 30분 정도가 지나 마침내 탑스 힐에 도착했다. 잔뜩 기대하고 올라왔는데 정말 허망하기 짝이 없었다. 세부의 야경을 가장 높은 곳에서 한눈에 바라볼 수 있다는 그것뿐이었다. 입장료로 지불한 1인당 100페소가 아까워서 좀 더 시간을 보내고 있었다.

어디든지 정상에 오르면 그곳에는 황량하기 마련이다. 다만 정상에서 아래로 내려다보이는 희열만 잠시 느낄 수 있을 뿐이다. 우리 인생이 그런 것 같다. 저마다 정상에 오르려고 혈안이 되어 있는데, 막상 올라가면 자기 주변에 아무도 없는 고독을 견뎌야 하는 아이러니한 인생이다. 그 고독을 이겨보려고 아래를 내려다보며 자신은 가장 높고 특별한 존재라고 스스로를 위안하는 불쌍한 '중생'이 바로 우리 인생들이다.

어느새 약간 쌀쌀해진 느낌이 들어 가족들과 얼른 아래로 내려갔다. 허기진 배를 달래려고 근사한(?) 음식점으로 향했다. 산 아래로 내려가는데 우리 몸을 실은 차량 안에서 갑자기 한국어 찬양곡이 들리기 시작했다.

4. 필리핀에서 보낸 아름다운 선교 휴가

이곳에 생명샘 솟아나
눈물 골짝 지나갈 때에
머잖아 열매 맺히고
웃음소리 넘쳐나리라

꽃들도 구름도 바람도 넓은 바다도
찬양하라 찬양하라 예수를
하늘을 울리며 노래해 나의 영혼아
은혜의 주 은혜의 주 은혜의 주

그 날에 하늘이 열리고
모든 이가 보게 되리라
마침내 꽃들이 피고
영광의 주가 오시리라

현지 가이드 자매가 휴대폰에 담아온 찬양곡이었다. 사실 이 자매는 다음주에 성령론 강의를 함께 들을 보홀의 신학생이다. 현지 선교사님의 선한 영향력 덕분인지 깊은 신앙으로 단단히 무장되어 있었다. 자매가 들려준 찬양곡이 나의 심금을 울려, 어느덧 나는 세부의 영적 상황을 생각하며 간절히 기도하고 있었다.

생명의 주인이신 하나님, 이곳에 생명샘이 솟아나게 하시어 현지 크리스천들이 눈물 골짜기를 지나가지만, 머지않아 구원의 열매가 맺히고

웃음소리가 넘쳐나게 하소서. 세부의 꽃들도 구름도 넓은 바다도 주 예수 그리스도를 찬양하게 하시고, 이곳의 모든 영혼들이 하늘을 울리며 은혜의 주님을 노래하게 하소서. 그날에 하늘이 열리고 모든 세부인들이 영광의 주께서 다시 오심을 바라보게 하소서!

힘들게 일상을 살아가는 현지인들을 바라볼수록 장차 도래할 하나님 나라가 정답이라는 확신이 든다. 주께서 세상의 모든 불의를 끝장내시고 하나님의 사랑과 공의를 온전히 실현하실 그날이야말로 모든 가난한 자들과 낮은 자들에게 진정한 소망이라는 확신이 솟구쳐 오른다. 그날이 되면, 다른 이웃을 짓밟고 악한 인생의 '탑스 힐'에 오른 모든 자들에게 화가 있을 것이다!

세부 항으로 가는 길 (2019.8.22. 목)

오전에 숙소에서 가족 전체가 잠시 기도한 후에 세부 항(Cebu Port)으로 가는 택시를 탔다. 사실 세부는 이틀 간 거쳐 가는 곳이고 우리의 목적지는 보홀 섬이다.

어제도 그랬지만 오늘도 역시 도로에서 신호등을 몇 번 못 봤다. 당국이 신호등을 설치할 재정이 없어서 그런 건지, 아니면 신호등이 없어도 서로 양보하며 질서를 유지할 수 있는 건지 확실한 이유는 잘 모르겠다. 그래도 큰 혼잡 없이 다들 잘 다니는 것처럼 보였다.

세부 항까지 40분 이상 걸리는데도 택시 기사의 위트(wit)가 지루함을 날려 버렸다. 콧노래를 흥얼거리는가 하면 신호 대기 중에 갑자기 창을 내리더니 노점상이 권하는 빵을 대뜸 사기도 했다. 운전 중에 배가 고파 혼자 먹겠거니 했는데, 선뜻 우
리 가족에게 같이 먹자고 권했다. 한국에서는 찾아볼 수 없는 택시 기사라서 마음이 푸근해지기 시작했다.

필리핀 사람들은 돈만 밝히고 관광객을 대상으로 '삥'을 뜯어낸다는 선입견이 있었는데, 어느덧 점점 사라지고 있다. 그동안 자신들의 그린 이미지를 빗기려고 노력하는 탓인지, 이틀간 세부에서 경험한 그들의 모습은 오히려 정감이 넘치는 듯했다. 세부 투어를 위해 수고한 밴(van) 기사에게 포장된 저녁식사를 건넬 때 '감격해하던' 어제 그 표정도 계속 눈앞에 아른거리고 있다.

보홀로 향하는 배 안에서 (2019.8.22. 목)

오전 11시 40분에 출발해서 2시간가량 배를 타는 중이다. 예전에 SFC(학생신앙운동) 간사로 섬길 때 일본으로 가는 배를 타보고 두 번째 승선이다. 배로 이동하는 것은 나에게 매번 힘겨운 일이다. 멀미약을 먹었지만 정신이 멍해지고 피로가 계속 몰려온다.

그런데도 나의 묵상 본능은 발동되고 있었다. 끝없이 펼쳐지는 망망한 대해가 내 눈에는 마치 우리를 집어삼키려는 달콤한 죄악처럼 보인다. 좋아 보이기에 가까이하려고 뛰어드는 순간 나를 집어삼키고 마는 무서운 '괴물'이다.

하지만 배 안에 안전하게 타고 있는 한, 바다는 더 이상 나를 삼키지 못한다. 배가 흔들리고 파도가 아무리 몰아쳐도 망망대해는 나에게 스릴 넘치는 구경거리에 불과하다. 약간  의 영향은 받지만 절대 나를 바다의 심연으로 끌어내릴 수 없다.

우리 성도들은 '그리스도'라는 배를 타고 목적지를 향해 항해하는 중이다. 구원은 받았지만(칭의) 여전히 구원 받고 있는 상태(성화)에 있는 우리의 일상이다. 침몰하는 배에서 벗어나 절대 파손되지 않는 '구명보트'에 일단 올라탄 상황이다.

그렇기 때문에 그리스도라는 구명보트 밖으로 뛰쳐나가면 안 된다. 아직 육지에 도착하지도 않았는데 마치 도착한 것처럼 경거망동해서는 곤란하다. 그럴 가능성도 없겠지만 만일 그리스도 밖으로 나가는 순간 우리는 망망대해의 죄악에 삼켜져 그냥 죽어 버린다.

그런데도 자신이 마치 구원의 완성(영화)에 이른 것처럼 교만의 극을 달리는 자들이 있다. 예수 그리스도를 믿는 순간 이미 구원이 완성된 것처럼 착각하고, 구원 받고 있다는 성화의 긴박성까지 인식하지 못하는 무율법주의자들이다. 우리가 영적 구명보트인 그리스도 안에 있기 때문에 우리의 '선장'의 말에 순종하고 각종 규율을 지켜야 하는데

4. 필리핀에서 보낸 아름다운 선교 휴가

도, 마치 육지에 도착한 것처럼 모든 '율법'을 터부시하고 필요 없는 것처럼 떠드는 자들이 있다.

그런 자들은 제발 배를 타면서 자신의 영적 상태를 묵상해 보기 바란다. 이 글을 쓰는 지금도 세차게 밀려오는 파도 때문에 승객들이 겁에 질려 소리치기도 하고 긴장의 끈을 놓칠 수 없는데, 하물며 세상과 영적 전쟁 중인 우리가 어떻게 성화의 긴장감을 완전히 떨쳐버릴 수 있겠는가?

거센 파도가 창밖에 덮치는 상황인데도 '율법'이 필요 없다고 떠들 수 있겠는가? 절대 침몰되지 않는 배 안에 있다고 해서 우리가 마치 낙원이라는 목적지에 들어온 것처럼 완벽하게 평안할 수 있느냐는 말이다. 현재 이 땅에서 우리가 경험하는 평안은 성령 안에서 누리는 '일시적인' 평안이다.

물론 우리는 성령으로 인침을 받아 구원을 보증 받았기 때문에(고후 1:22), 그리스도 밖으로 떨어져 나갈지도 모르는 공포에 질릴 필요는 없다. 그럼에도 불구하고 우리는 현재 우리가 어떠한 구원의 여정에 있는가를 제대로 직시해야 한다. 그렇지 않으면 영적 방종에 빠져 제멋대로 살아갈 것이다. 이것은 마치 모든 승객이 거센 파도 중에 목적지 무사 도착을 함께 기원하고 있는데, 자기 혼자 술에 취해 난동을 부리는 모습과 똑같다.

보홀로 가는 지금도 계속해서 큰 파도가 창밖으로 덮치고 있다. 잠을 자고 싶어도 그렇게 할 수 없을 것 같지만, 우리의 선장이신 '그분'의 능력을 신뢰하며 단잠을 청해 봐야겠다. 엄청난 파도가 몰아쳐 제자들이 모두 무서워 떠는데도 깊은 잠에 빠지신 우리 주님처럼(눅 8:24).

보홀의 첫 아침을 맞으며 (2019.8.23. 금)

눈앞에 펼쳐지는 끝없는 바다
깊은 안식이 시작되는 보홀의 아침

눈앞의 항구는 배를 보내 정겹게 소리 내고
바다 위의 작은 배들도 노 젓는 소리를 낸다.

바다 속에 뛰어들 것 같은 짙은 구름은
보홀의 방문객을 시원케 하는 비바람이 된다.

비바람을 즐기며 함께 울리는 숟가락 소리
테이블 위의 접시들도 덩달아 맞장구를 친다.

보홀의 첫 아침을 맞는 방문객과 그 가족은
장차 올 하나님 나라의 첫 아침을 상상해 본다.

모든 것이 완벽하지만 (2019.8.23. 금)

계속해서 울려 퍼지는 감미로운 음악
형형색색 달려 있는 화려한 조명들
그냥 못 지나치게 하는 맛깔스런 먹거리

4. 필리핀에서 보낸 아름다운 선교 휴가

여기는 제2의 보라카이, 알로나 비치!

이곳의 사람들은 시간이 멈춘 것 같다.
밤늦도록 달콤한 언어를 주고받으며
솜이불 같은 밤바다 바람을 함께 마신다.

장단 맞춰 불어 대는 파도 소리는
모래성 쌓는 아이들을 달래고 있다.
이곳은 모든 것이 완벽하다!

그리스도가 없다는 것 빼고는.

Loboc 강을 달리다 (2019.8.24. 토)

음악이 좀 시끄러운 것 빼고는 '로복(Loboc) 강 투어'는 완벽했다. 주님이 지으신 아름다운 강 위를 누비는 환상적인 경험이다. 배 위에서 맛깔스런 현지 음식을 즐기며 가족들과 함께 보내는 이 시간이 어쩌면 영원을 맛보는 순간일지도.

그런데 배 위의 식사가 끝이 아니었다. 현지 아이들의 전통 공연이 우리를 기다리고 있었다. 조그마한 기타(Ukelele)를 들고 어른들이 연주하며 아이들이 격렬하고 멋진 춤을 선보인다. 혹시 천국에 입성하는 성도를 나중에 천사들이 이처럼 환영해 주는 건 아닐까?

배를 탄 사람들은 모두 국적
이 달라도 함께 있다는 사실에
는 서로 어색함이 없다. 말이
통하지 않아도 로복 강을 즐기
는 기쁨으로 하나 된 탓일 게
다. 천국의 모든 성도들도 마

찬가지일 것 같다. 대부분 서로 본 적이 없지만 삼위 하나님을 기뻐하
는 희열로 모두가 한 몸이 되리라!

모두가 영원의 순간을 뒤로하고 현실로 돌아간다. 배를 타기 전에는
기다림에 지쳤지만, 어느새 지친 기색이 사라지고 현실을 이기는 희
열로 넘친다. 영원한 천국을 소망할 수 있는 거룩한 감각이 회복된 듯
하다. 이제 또다시 하나님 나라(천국)를 위해 전진해 보자!

성경 구절이 부적(?) (2019.8.24. 토)

보홀의 단거리 교통수단은 '패디캅'이다. 오토바이에다가 택시 뚜껑
을 뒤집어씌워 놓은 모양을 하고 있다. 운전기사를 포함해서 최대 4명
이 정원이다. 말이 정원이지 거의 포개서 앉아야 할 공간이다.

그런데 신기한 사실을 발견했다. 모든 패디캅은 예외 없이 뒤쪽에
성경 구절을 새기고 다닌다. 처음에 나는 굉장히 은혜를 받을 뻔했다.
필리핀 보홀 섬의 완전 복음화가 얼마 남지 않은 줄 알았다.

하지만 선교사님의 말을 들어보니 그건 나만의 착각이었다. 보홀 사

람들은 성경 구절을 부적으로 생각한다
고 한다. 몸에 지니고 다니거나 차량에
붙이고 다니면 행운을 가져다주는 놀라
운 부적이 성경 구절이라는 것이다!

평소에 나도 성경 구절을 '부적'처럼
가지고 다닌다. 그래서 패디캅 뒤쪽 성
경 구절을 배경으로 기념 삼아 한 컷 남
겼다(사진 참고). 물론 나는 보홀 사람들처
럼 성경 구절을 부적으로 활용하지는
않는다. 깜빡하고 성경 구절을 집에 두고 나왔다고 해서 불안해하거
나 불행이 닥칠 거라고 추호도 생각하지 않는다.

성경 구절은 나에게 행운을 가져다주는 부적이 아니라, 내가 하나님
을 사랑하고 당신께 기도하는 데 필요한 최고의 방편이다. 내 육신에
행운을 주는 부적이 아니라, 하나님이 당신의 뜻대로 내 영혼에 은혜
를 주시는 최고의 통로이다.

부적은 그것을 지닌 자가 늘 중심이 되지만, 성경 구절은 그것이 가
리키는 실체(삼위일체)가 항상 중심이 된다. 성경 말씀은 부적과는 달리
가리키는 대상과 내가 언제나 인격적인 관계를 맺는다. 그래서 그 말
씀에 겸손히 반응할 수밖에 없는 나 자신을 발견하게 된다.

그런데 교인들 중에 성경 구절을 그들처럼 부적으로 활용하는 경우
가 있다. 성경 구절을 엄청나게 많이 암송하는데, 그 말씀이 가리키는
대상(삼위일체)에 인격적으로 반응하지 않는 경우이다. 수천 구절을 외
우고, 심지어 신구약을 통째로 암기하는데도 그 중심에 늘 자신이 주

인이 되어 남을 판단하고 정죄하기에 급급한 자들이다. 반대로 성경 구절을 읽지도 않으면서 가지고 다닌다는 자체에 희열을 느끼는 경우도 마찬가지이다. 이들은 보홀 사람들처럼 진짜로 부적처럼 지니고 다니는 것이다.

어느 쪽이든지 그들은 성경 구절을 통해 삼위 하나님과 깊은 교제를 누릴 생각이 없어 보인다. 성경 구절과 그것이 가리키는 실체를 분리하는 오류를 범하고 있다. 성경 구절  은 하나님이 우리에게 기록으로 남겨주신 그분의 말씀이다! 기록된 말씀과 그분 자체를 절대 분리할 수 없는데도, 우리는 자기중심성에 사로잡혀 기록된 말씀을 그분의 존재와 분리시켜 내 입에 맞춰 멋대로 사용할 때가 많다.

정말로 우리는 성경 구절을 하나님의 말씀으로 경건하게 받고, 그 말씀에 나의 중심성을 굴복시키는 훈련을 계속해야 한다. 그렇지 않으면 다른 사람에게 없는 '행운'을 안겨주는 부적과 별반 차이가 없게 된다. 우리는 보홀 사람들을 함부로 정죄하면 안 될 것 같다. 아니, 나 자신부터 다시 살펴야겠다.

보홀에서의 설교 준비 (2019.8.24. 토)

가족들은 모두 야간 수영하러 나갔다. 조용해진 시간을 틈타 주일 설교를 준비하고 있다. 이번 필리핀 방문은 순전한 휴가 목적이 아니라, 현지 교회와 신학교를 섬기는 선교 목적도 크다. 사실 3년 전부터 매년 여름휴가를 그런 식으로 보내고 있다.

나는 오늘부로 휴가를 먼저 끝낸 셈이다. 내일부터 출국 전까지 열심히 사역에 힘을 쏟아야 한다. 휴가 기간에 가족을 위해 온전히 시간을 못 쓰는 가장이라서 때로는 나 자신이 싫을 때가 있다. 주님이 맡기신 사역을 부교역자 신분으로 어떻게든 감당하려다 보니, 가족들에게 매번 이런 피해(?)를 입히는 중이다.

이번 강의 주제에 맞춰 주일 설교도 성령 충만에 관한 본문(행 7:54-8:3)으로 정했다. 오순절 날 충만한 능력으로 교회를 출범시키신 성령께서 지금도 여전히 주의 몸 된 교회를 충만한 능력으로 덧입혀 주신다는 사실을 전하고 싶다! 성령 충만의 본질은 사역적 결과물에 있는 것이 아니라, 그리스도를 증거하려는 간절한 열정에 있다는 사실을 선포하고 싶다! 위로부터 임하는 능력을 사모하는 모든 자에게 성령 충만의 은혜를 오늘도 회복시켜 주신다는 사실을 혼신의 힘을 다해 나누고 싶다!

영어로 설교해야 한다는 부담감이 있지만, 성령께서 나의 어설픈 영어까지 사용하신다는 확신을 가져야겠다. 영어가 불가능한 나이 든 성도들을 위해 비사야어로 통역까지 한다는데, 몇 개의 언어가 동원되는 주일 오전예배라서 성령의 은혜가 더욱 절실하다. 오순절 날 현장에 있던 사람들이 자신들의 "각 언어로 하나님의 큰 일을" 듣게 되는 은혜(행 2:11)가 내일 재현되기를 소망해 본다.

예배 중에 임하신 성령 (2019.8.25. 주일)

예배가 시작되기 전인데도 뜨거운 찬양 소리가 들려왔다. 우리 가족에게는 보홀 현지인들과 올려 드리는 첫 주일예배이다. 한국 교회의 주일 오전예배에 익숙해져서 그런지 현지인들의 예배는 나에게 '부흥집회'처럼 다가왔다.

찬양하는 내내 가만히 앉아 있는 성도가 없었고, 앞에서 인도하는 사역자와 찬양팀 멤버들도 뜨거운 열정에 사로잡혀 있었다. 나이 든 성도에 대한 배려인지는 몰라도 영어가 아닌 비사야어로 찬양곡을 불렀다. 비록 언어는 통하지 않았지만 우리 안에 계시는 같은 한 성령께서 동일한 은혜를 부어 주시는 것 같았다.

예배가 시작되기 전에 나는 설교자로서 현장의 은혜를 간구하기 시작했다. 그런데 놀라운 일이 벌어졌다. 그 순간 주체할 수 없는 은혜가 부어지고 있음을 온몸으로 느꼈다. 모든 설교자들이 그렇겠지만, 특히 나처럼 영적 체험에 민감한 기질은 성령의 임재를 직관적으로 알아차린다. 기도를 시작하기도 무섭게 성령께서 거룩한 정서를 동반한 전율로 나의 온몸을 자극시키고 계셨다.

설교단에 올라가기 전에 말할 수 없는 평안과 자유함이 밀려왔다. 영어로 마음껏 말씀을 선포하라는 주님의 강권적인 인도하심에 기쁨으로 순종했다. 사회자의 간략한 소개가 끝나고 설교단 앞에 드디어 섰다.

과연 성령께서 일하기 시작하셨다. 스데반 순교에 담긴 성령 충만의 역설과 그 의미를 설교자의 스피치를 통해 친히 증거하고 계심을 분명히 느꼈다. 특히 내 영어 설교가 마치고 한 사역자가 비사야어로 요약해서 통역할 때 청중의 반응은 정말로 뜨거웠다. 나이 든 성도들이 현지 언어로 접한 그 메시지에 격하게 반응하기 시작했다!

역시 하나님의 일하심은 신비롭기 그지없다. 언어가 서로 달라도 한 성령 안에서 복음의 능력을 경험하게 하시고, 선포되는 말씀을 통해 각자에게 맞는 하나님의 뜻을 발견하게 하신다. 설교가 끝나고 들려오는 피드백이 긍정적이어서 정말 다행스러웠다. 하나님의 전적인 은혜로밖에 달리 설명할 길이 없다. 더욱이 평소보다 영어를 더 자연스럽게 말하는 나 자신을 보고 나도 무척 놀랐다.

이곳 보홀 땅 가운데 십자가의 복음이 충만히 증거되어 하나님의 영광이 드러나길 소원한다. 오늘 함께 예배를 드린 현지인들과 특히 선교사님 가족을 통해 복음의 능력이 주변 이웃들에게 흘러넘쳐 하나님 나라가 더욱 확장되기를 기도한다. 이제 오후 한인예배를 준비해야겠다.

한국어로 진행된 예배 (2019.8.25. 주일)

이곳 보홀 은항제자교회(Eunhang Disciple Church)에서는 주일마다 오후 4시가 되면 한국어로 예배를 드린다. 인근 선교사들과 가족들이 함께 모여 예배를 드리고 간단한 교제를 나눈다. 오늘은 황송하게도 내가 선교사님들 앞에서 말씀을 전하게 되었다.

선교사님과 가족들 앞이라서 그런지 오전 영어 설교 때보다 더 버벅거리고 말았다. 예배 후에 어떤 선교사님은 나보고 혹시 어느 나라에서 왔냐고 묻기도 하셨다. 한국어가 어눌하게 들려서 그런 질문을 하신 것 같았다. 원래 말이 어눌해서 그런 건데 본의 아니게 영어를 더 잘하는 것처럼 비춰지게 되었다. 사실은 전혀 그렇지 않다.

예배를 마치고 다들 교제를 나누었다. 필리핀 전통 떡이라며 누가 가져오신 걸 함께 맛보았다. 몽골도 그렇지만 필리핀 음식도 정말 짜다. 떡에도 소금을 엄청 섞는 것 같다. 겉  보기와는 달리 떡을 한입 먹는 순간부터 짠맛이 확 밀려왔다. 그래도 가져오신 성의를 생각하며 맛나게 먹었다.

한인예배를 인도해 보니 마음이 짠해지기 시작했다. 선교사님들이 아무리 필리핀 현지인을 사랑한다고 해도 한국인의 정체성을 완전히 버릴 수 없는 법이다. 함께 모여 한국어로 예배하고 교제를 나누면서 동족으로서의 정체성과 친밀감을 주고받아야 하는 본능이 있다. 오늘은 우리 가족도 동참해서 힘을 좀 보탰다.

함께 나누는 저녁 만찬 (2019.8.25. 주일)

선교지 신학생들을 섬기는 최고⑺의 방법이 있다. 양질의 식사를 대
접하는 것이다. 예전에 한국의 신학생들도 그랬지만 선교지마다 신학
생들은 정말 열악한 상황에서 공부한다. 이곳 보홀장로교신학교(BPTS)
는 몇 년 전까지만 해도 건물 자체가 없었다. 살인적인 더위를 온몸으
로 견디며 배고픔을 느끼면서 신학 공부에 힘썼다.

상황이 이렇다 보니 그들에게 양질의 식사 한 끼가 정말 큰 위로
가 된다. 그래서 후원자들이 보내준 일정 금액을 따로 떼서 신학생들
을 위한 식비로 책정해 두었다. 선교지에서 반드시 해야 할 '피딩 사
역'(Feeding Ministry)이다.

그래서 주일 사역을 마치고 선교사님
의 추천으로 보홀의 최대 쇼핑몰(ICM)로
갔다. 이곳에 프론 팜(Prawn Farm)이라는
뷔페식당이 있는데 관광객들이 필수 코
스로 찾을 정도로 유명하다. (주일에 식사
대접했다는 사실에 찝찝해하는 율법주의자들이 없기
를!) 나처럼 먹성이 좋은 사람들이 마음
껏 먹을 수 있는 천국 같은 곳이다.

양질의 음식을 한자리에서 나누는 신

학생들의 얼굴이 얼마나 밝은지 모른다. 선교사님 가족과 우리도 그들과 함께 아름다운 식탁 교제를 나누었다. 우리 집 둘째 녀석은 '꼬지'를 너무 좋아해서 직원이 갖다 놓는 족족 다 휩쓸어 왔다.

신학생들이 감사 인사를 연거푸 하는데 정말 몸 둘 바를 몰랐다. 이들을 후원한 한국의 동역자에게 돌아갈 감사 인사를 대신 받고 있어서 마음이 그리 편하지는 않았다. 그래서 나 같은 '전달자'들은 마음의 중심을 더욱 바로 잡아야 한다. 후원자들의 희생을 중간에서 가로채는 일이 없도록 말이다. 아무튼 신학생들이 너무 잘 먹어줘서 정말 기쁘고 감사했다.

뜨거운 기도가 있는 성령론 수업 (2019.8.26. 월)

드디어 개혁주의 성령론 강의가 시작되었다. 어제 설교 때처럼 주께서 나의 어설픈 영어를 훨씬 업그레이드시켜 주셨다. 영어 방언을 받은 건 아니지만, 선교지에서 사역할 때만큼은 마치 '방언'을 받은 것처럼 영어를 자유롭게 구사할 수 있도록 역사하신다.

한국에서 젊은 목사가 강의하러 왔다며 신학생 외에 다른 청년들도 청강하러 와 있었다. 평소보다 좀 더 많은 수강생이 교실 안을 가득 채우고 있었다. 첫 영어 강의라 다소 긴장되었지만 성령의 도우심을 확신하고 무작정 강의를 시작했다.

이번 강의 주제가 "바른 신학에 근거한 성령 체험"이다. 다른 선교지도 그렇지만 필리핀에도 은사주의자들의 무분별한 체험과 신학의 부재 때문에 현지인들이 큰 혼란을 겪는다고 한다. 성경에서도 확인할 수 있듯이, 복음이 처음 전해지는 곳에 성령 체험이 특히 빈번하게 나타난다. 다시 말해, 초자연적인 성령의 은사  와 특별한 현상이 복음 증거 중에 자주 일어난다. 오랫동안 그곳을 지배하던 악한 영들을 굴복시키는 복음의 능력이 초자연적인 은사로 나타나기 때문이다.

그런데 문제는 성령의 역사가 강하게 나타나는 곳에 마귀가 더욱 틈을 다서 사람들을 혼란스럽게 한다. 이때 우리는 바른 신학과 교리로 영적 체험을 끊임없이 분별해야 한다. 성령의 역사를 무작정 의심하라는 말이 아니라, 특별한 현상을 잘못 인식하여 우리의 죄성에 사로잡히지 않도록 주의하라는 뜻이다.

오전에는 첫 시간이라 신학적 내용을 다루기 때문에 혹시나 따분해하지 않을까 염려되었다. 하지만 그것은 쓸데없는 걱정이었다. 보홀 신학생들은 흡인력이 정말 대단하다. 집회가 아니라 신학 강의인데도 '아멘'으로 반응하는가 하면, 이미 시작 전부터 뜨거운 찬양과 기도로 마음의 준비를 하고 있었다.

놀랍게도 2시간 강의가 금방 지나가 버렸다. 그리고 성령론을 이론적으로만 다루지 않았다. 수업을 마치기 전에 성령의 은혜를 간절히 사모하는 기도를 다 같이 올려 드렸다. 나는 한국어가 편하긴 하지만 신학생들과 함께하기 위해 영어로 기도했다. 통성 기도 중에 어찌나 큰 감동이 밀려오는지 눈물을 참느라고 아주 혼이 났다.

이제 나머지 두 번의 강의가 남았다. 첫 강의부터 성령께서 큰 은혜를 부어 주셨으니 나머지 강의에도 동일한 은혜를 부어 주실 거라고 확신한다. "바른 신학에 근거한 영적 체험"을 더욱 사모하도록 오후에도 강의해야겠다.

하루 종일 강의, 또 저녁집회 (2019.8.26. 월)

생전 처음으로 한국어보다 영어를 더 많이 사용한 날이었다. 하루 종일 영어로 강의하고, 또 저녁에는 영어로 집회를 인도했다. 영어권 거주자들이 대화할 때 혀가 꼬인다는 말이 무엇인지 드디어 실감하게 되었다. 한국어로 대화할 때 나도 모르게 내 혀가 영어 발음 모드로 전환되어 있었다.

이른 저녁을 먹고 시내에 위치한 집회 장소로 향했다. 월요일마다 보홀 SFC 큰모임으로 모이는 현장이었다. 나도 SFC 간사 출신이어서 그런지 굉장히 설레기 시작했다. 우리 부부는 아이들을 도우미와 함께 숙소에 남겨두고 선교사님 부부와 드디어 집회 장소에 도착했다.

들어가는 순간부터 정말 신선한 충격 그 자체였다. 오늘은 필리핀 공휴일인데도 수많은 20대 청년들이 한자리에 모여 열정을 다해 찬양하며 기도하고 있었다. 한국의 SFC 큰모임과는 사뭇 다른 분위기였다. 찬양과 기도의 열기가 무슨 수련회 분위기처럼 느껴졌다.

성령의 도우심을 간절히 바라면서 비장의 각오로 메시지를 전하기 시작했다. 오늘은 주일과는 달리 내 영어 설교를 현지 언어(비사야어)로 '한 문장씩' 통역하게 되었다. 설교하는 나보다 통역하는 자매의 열정이 더욱 뜨겁게 느껴졌다. 성령께서 오늘 저녁에도 일하고 계심을 분명히 느낄 수 있었다.

카톨릭 친구들과 새가족들도 온다는 말을 듣고 회심을 주제로 메시지를 전했다(눅 23:39-43). 주님과 함께 십자가에 달린 한편 강도가 회심한 것처럼, 오늘 저녁에 우리도  진징으로 회심하여 하나님께 돌아가야 한다고 열변을 토했다. 세상의 모든 자들은 회심자에 속하든지, 비회심자에 속하든지 둘 중의 하나라고 역설했다. 아무리 큰 죄를 저지르고 자기 욕심대로 사는 죄인이라도, 진심으로 돌이켜 십자가 앞으로 나아오면 여전히 소망이 있음을 알려주었다.

놀랍게도 메시지에 대한 반응이 찬양의 열기만큼이나 뜨거웠다. 한국에서 집회를 인도할 때도 이 정도의 반응은 거의 기대하기 힘들다. 십자가에 못 박힌 그리스도를 말하는 순간, 박수를 치며 큰 소리로 '아멘'을 외치는가 하면, 종종 계속되는 박수 소리 때문에 메시지를 연이어 전하기 힘들 때도 있었다. 성령께서 전적으로 일하셨다고만 말하고 싶다.

이번 여름휴가 기간 중에 오늘이 나에게 최고로 보람 있는 날이었다. 다시 힘을 얻고 안식을 누리는 것이 휴가라면, 오늘이야말로 나에게는 진정한 영적 휴가이다. 육신은 다소 피곤하지만 나의 영은 최고 상태로 각성되어 있다. 성령의 임재에 사로잡혀 새 힘을 얻고 말할 수 없는 영적 안식을 누리고 있다. 마치 낙원에 들어와 있는 듯한 기분이 든다. 에드워즈가 말한 '거룩한 정서'를 너무나 생생하게 체험한 복된 하루였다.

마지막 수업 (2019.8.27. 화)

총 3강에 걸친 성령론 수업을 무사히 마쳤다. 마지막 3강에서는 은사를 활용하거나 영적 현상을 체험할 때 어떻게 분별할 것인가에 대한 기준을 제시했다. 물론 성경에서 모든 기준과 근거를 찾아주었다. 그리고 극단적인 은사중지론자들처럼 무턱대고 체험 현상을 부정해서도 안 되고, 소위 '영파들'처럼 모든 체험 현상을 무분별하게 수용하고 부추겨서도 안 된다는 점을 명확하게 말했다.

앞자리에 앉아서 제일 열심히 듣던 자매가 자기 반성적인 피드백을 들려주었다. 간간이 질문도 자주 하던 자매인데 자신의 오순절주의 관점을 교정하는 유익한 세미나였다고 말했다. 격려의 말인지는 모르겠지만 강의 시간에 함께한 선교사님도 신학생들에게 정말 필요하고 유익한 내용이었다고 말씀하셨다.

여하튼 은사주의자들의 혼란을 제대로 인식하면서 개혁 신학의 관점으로 얼마든지 성령 충만의 은혜를 누릴 수 있다는 사실을 모두가 깨닫게 되었다. 선교지에 판을 치는 '영파들'의 사역이 개혁주의 성령론을 통해 교정되기를 소망해 본다. 하나님께서 내 인생과 사역 현장에 체험적인 에피소드를 많이 허락하신 이유를 이제야 알 것 같다. 성령께서 보여 주신 샘플들을 활용하여 선교지의 그런 혼란을 극복하는 데 일조하라는 당신의 섭리로 믿는다.

계속될지 모르는 아쉬움을 달래기 위해 사진을 몇 장 찍었다. 한국에서 선물로 가져온 내 책들을 소개하려고 보홀 신학생들을 모델로 삼아 한 컷 남겼다. 그리고 며칠간 함께한  모든 수강생들과 단체 사진을 마지막으로 남겼다. 마지막 수업이지만 다음을 서로 기약했다.

다시 가고픈 보홀장로교신학교 (2019.8.28. 수)

휴가 중에 병행한 선교지 신학교 협력사역이 어느덧 막을 내렸다. 몸은 심히 고단하지만 마음은 정말 뿌듯하고 기쁨으로 가득하다. 무엇보다 해가 거듭될수록 선교지 신학생들을 향한 마음이 더욱 애틋해지고 있다.

보홀장로교신학교는 필리핀 세부(Cebu)에서 배로 2시간 떨어져 있는 보홀(Bohol) 섬에 위치해 있다. 이곳에서 20명 남짓한 학생들과 사역자들이 함께 공동체를 이루며 살고 있다. 생활이 힘들지만 기도와 찬양이 살아 있고 영적 갈급함이 넘쳐나는 아름다운 공동체이다.

이곳의 대표인 백현두 선교사님은 사랑하는 가족들과 함께 하나님 나라를 힘써 이루어가고 있다. 제자로 길러낸 현지인 사역자들이 돕고 있지만, 여전히 많은 인력과 재정이 필요하다. 무엇보다 보홀 땅에 바른 신학과 바른 복음을 이식하기 위해 준비된 교수진이 절실하다. 현재는 선교사님이 거의 고군분투하는 상황이다. 특히 조직신학과  개혁주의 교리를 가르치는 일에 혼신의 힘을 다하고 있다.

상황이 이렇다 보니 내 안에서도 거룩한 부담감이 들기 시작했다. 좀 어설프긴 하지만 나도 영어 설교와 강의가 가능하고, 평소에 현장 사역자로서 치열하게 연구하며 영혼을 품는 일에 최고의 관심을 가진다. 특히 선교지 신학생들만 생각하면 정말 마음이 짠해진다. 필리핀에 있어도 계속 몽골의 신학생들이 동시에 생각났다.

이제 좀 더 실제적으로 고민해 봐야겠다. 지금처럼 매년 여름휴가를 이용해서 선교지 신학생들을 단기간으로 섬길지, 아니면 그들과 일상을 함께하면서 장기간 동안 '교수 선교사'로 사역할지를 말이다. 이제 마흔에 들어선 젊은 목사라서 지금과는 다른 경험을 할 수 있겠다는 생각도 든다.

아무튼 보홀장로교신학교는 내가 가진 은사와 달란트를 십분 활용하여 사역할 수 있는 곳이다. 이제 하나님이 무엇을 원하시는지 기도해 봐야겠다. 아무리 열정과 확신이 있어도 바울의 경우처럼 성령께서 허락하지 않으시면 갈 수가 없기 때문이다(행 16:6-7). 그럼에도 보홀 장로교신학교는 다시 가고 싶은 선교지이다.

· 다섯 번째 ·

추운 몽골 땅을 밟다
(2020)

2020년 1월 12일부터 18일까지 몽골장로교신학교 교수 사역을 감당하면서 기록한 내용이다. 몽골의 겨울이 얼마나 추운지 제대로 경험할 수 있었다. 동토의 나라에도 그리스도의 계절이 오게 해 달라고 눈물로 기도하며 더욱 몽골 땅을 품게 되었다.

추운 땅을 향하여 (2020.1.12. 주일)

몽골의 신학생들을 만난다는 생각에 어젯밤에 잠을 설쳤다. 하지만 살짝 두려운 생각도 든다. 이제껏 한 번도 몽골의 추위를 경험해 본 적이 없기 때문이다. 아이폰 날씨 앱(app)을 보니 오늘 밤에 몽골은 영하 31도까지 떨어진다.

현지 선교사님 말로는 몽골도 지금 온난화가 진행 중이라고 한다. 올 겨울은 여느 해보다 10도 정도 기온이 올라 비교적 따뜻한(?) 날씨라고 한다. 재작년인가 몽골의 겨울철 온도가 영하 43도인 경우를 날씨 앱으로 본 적이 있다.

살인적인 추위를 대비하려고 두꺼운 옷을 껴입고 왔는데 공항 내부는 무지하게 덥다. 영하로 잘 떨어지지 않는 부산 날씨에 내 몸이 적응했건만, 오늘 밤부터는 몽골의 수도 날씨에 한 주간 적응해야 한다.

아무리 추운 땅이라도 복음을 향한 우리의 열정은 꺼뜨릴 수 없다. 오히려 십자가의 복음이 영적으로 얼어붙은 그 땅을 녹여 버리도록 이번 한 주간 혼신의 힘을 다해야겠다. 올해 개인적으로 주께 받은 사명인 영적 대각성 운동을 몽골의 신학생들과도 나눠야겠다.

냉동 창고보다 더 추운 나라 (2020.1.12. 주일)

부산에서 3시간 반이 더 걸려 마침내 칭기즈칸 국제공항에 도착했다. 날은 완전히 어두워졌다. 수화물을 찾아서 선교사님을 만나 공항

밖으로 나오는데 순간 냉동 창고로 들어가는 줄 알았다. 아니, 보통 영하 20도를 유지하는 냉동 창고가 오히려 온도가 더 높다. 영하 30도에 육박하는 '살인 추위'를 생전 처음으로 느끼는 순간이었다.

몽골 사람들이 참 대단하게 보였다. 1년 중 9개월이 추운 날씨 속에서 생존해 가는 자체가 참으로 강인한 것 같다. 그중에서 1월이 가장 춥다고 한다. 여하튼 이런 날씨에는 바깥에 5분 이상 걸어 다니면 진짜 큰일 날 것 같다. 반드시 차를 타고 다녀야 건강을 지킬 수 있다.

더구나 수도 울란바토르는 겨울철 대기오염도가 세계 최악이다. 날씨가 너무 추워서 사람들이 태울 수 있는 건 다 가져다가 난방 연료로 쓰기 때문이다. 극심한 매연 때문인지

오전 7:13
울란바토르　-31°

오전 8:13
서울　-5°

오전 8:13
부산광역시　1°

공항에서부터 이미 머리가 아프기 시작했다. 게다가 몽골 자체가 해발 1,500미터 이상의 고지대에 위치해 있어서 두통이 더 심한 것 같다.

벌써 네 번째 몽골에 오지만, 올 때마다 첫날은 현지 적응하느라 몸에서 자꾸 신호를 보낸다. 그래도 몽골이 한국보다 1시간 느리기 때문에 평소 시간을 금같이 여기는 나 같은 사람은 인생의 1시간을 '득템'한 셈이다. 얼른 두통이 사그라들어 내일 강의할 내용을 제대로 살펴보고 싶다.

동토에 임할 하나님 나라 (2020.1.13. 월)

꽁꽁 얼어붙은 이 땅에 주의 나라가 임하게 하소서.
사람들이 찾아오기 힘들어하는 이 동토(凍土)에도
성령의 따스함을 허락하사 주의 계절이 오게 하소서.

특별히 선교사들과 그 가족들을 기억해 주소서.
동토에서 한 알의 밀알로 죽겠다는 필사의 각오로
주께서 머물라고 하신 그날까지 계속 버티게 하소서.

골고다의 십자가를 견디어 내신 당신을 묵상합니다.
죄로 얼어붙은 온 세상을 원래 그 나라로 회복하시려고
하나님의 뜨거운 사랑을 우리에게 보여 주신 그 십자가.

오늘도 이 십자가를 마음에 새긴 몽골의 신학생들이
말씀과 성령에 사로잡혀 하나님 나라를 품게 하소서.
주께서 다시 오시어 이 땅을 천국으로 만드실 그날까지.

신학교와 학생들의 근황 (2020.1.13. 월)

영하 31도의 아침 공기를 뚫고 신학교 건물로 향했다. 놀랍게도 눈
앞에는 완전히 다른 건물이 서 있었다. 작년 초에 화재로 완전히 불탄

그 자리에서 이전보다 훨씬 세련된 건물이 나를 반기고 있었다. 한국
교회의 큰 도움으로 복구 작업을 무사히 마쳤다고 한다.

건물만 새로워진 것이 아니
라 수업을 듣는 학생들도 새로
워졌다. 이전에 내 수업을 들
은 신학생은 청강생 1명을 포
함하여 총 4명뿐이다. 그럼에
도 나는 마치 오랜 친구를 만

난 것 같은 설렘으로 열심히 수업을 진행했다. 이번에도 지난번에 통
역했던 현지인 사역자가 수고해 주었다.

쉬는 시간에 강사 휴게실에서 통역사에게 충격적인 소식을 듣게 되
었다. 이전에 내 수업을 들었던 어떤 학생의 사망 소식이다. 원래 심
장병으로 죽을 상황이었는데 하나님이 기적적으로 살려주셔서 신학
공부도 하고 사역도 했다고 한다. 그런데 신학교를 졸업하고 한국에
서 온 청년들과 수련회를 하는 도중에 소파에서 쉬다가 편안한 그 자
세로 하나님의 부르심을 받았다고 한다. 주께서 생명을 연장시켜 주
신 만큼 아름답게 사명을 감당하다가 이제는 낙원에 가 있다.

또 다른 신학생은 어릴 적 가정불화로 말을 심하게 더듬는다고 한다.
그런데 신기하게도 찬양 인도를 할 때는 정말 유창하게 말을 한다고 한
다. 그 순간 나 같은 사람이 또 있다는 사실에 무척 감사했다. 지금도
사석에서는 말을 심하게(?) 더듬거리지만 설교와 강의 중에는 성령의
자유함 가운데 열변을 토하는 내 모습이 아직도 신기할 따름이다. 말이
어눌한 자를 들어 쓰시는 하나님의 섭리가 아니면 무엇이겠는가?

추위도 상대적인 개념 (2020.1.13. 월)

"목사님, 오늘 날씨 정말 따뜻하지 않아요? 몽골에 이런 겨울은 거의 처음인 것 같아요!"

내 강의를 통역하는 현지인 사역자의 말이다. 점심시간에 바깥출입을 할 일이 있어 동행하다가 화창한 날씨에 감탄하고 있었다.

하지만 나는 도무지 이해되지 않았다. 따뜻한 한낮의 날씨라고 하는데 내 다리에는 무서운 냉기가 엄습하고 있었고, 온도를 보니 영하 17도였다. 나 같은 한국인에게는 영하 30도나 17도나 거기서 거기였다.

그 순간 나의 묵상 본능이 발동되고 있었다. 몽골에서는 '따뜻한' 겨울이라도, 한국에서는 그 온도가 가장 추운 날씨에 해당한다. 다시 말해, 춥다는 개념도 지극히 상대적이라는 뜻이다.

그렇다면 우리가 당하는 고난도 이와 같지 않을까? 평범한 상황에서 신앙생활을 하다가 가끔 힘든 상황에 처하면, 그것이 정말 큰 고난으로 다가온다. 하지만 똑같은 그 사람이 선교지에 한번 다녀오면, 이전의 그 고난을 참으로 '따뜻한' 것으로 인식하게 된다. 같은 고난인데도 또 다른 차원의 고난을 맛보게 되니까, 그제서야 고난의 상대성을 깨달은 것이다.

이런 과정을 통해 우리는 고난의 강도를 달리하시는 하나님의 섭리를 발견하게 된다. 혹독하게 얼어붙은 세상 가운데 영적으로 강인한 자녀로 만드시려고, 우리에게는 잔인하게 느껴지는 여러 측면의 고난을 시리즈로 준비하고 계신다. 그나저나 몽골 사람들만 생각하면 지구 온난화가 더 빨리 진행되면 좋겠다.

숙소 앞에서 미친 짓(?) 하기 (2020.1.13. 월)

부산 사나이의 쓸데없는 오기가 발동되었다. 어두운 밤에 바깥에서 몽골의 추위를 제대로 경험해 보고 싶었다. 숙소에서 저녁에 좀 쉬다가 완전 무장을 하고 밖으로 나왔다. 특히 세계로병원의 아리따운(?) 직원들이 선물해 준 방한모를 쓰고 인증샷을 남기고 싶었다.

아니나 다를까 숙소 앞에서 셀카봉을 들고 '미친 짓'을 하는 사람은 나밖에 없었다. 가히 몽골의 겨울밤 추위는 정말 대단했다. 아이폰이 얼어붙으려고 하는지 배터리가 금세 닳아버리고 얼마 안 지나서 전원이 꺼져 버렸다. 다행히 그전에 '몽골 겨울밤 추위 견디기' 인증샷을 몇 장 남길 수 있었다. 꼴랑 10분도 못 견디고 다시 숙소로 들어왔지만.

현지인 통역사의 말로는 여기가 몽골의 수도라서 그나마 온도가 조금 높다고 한다. 시골 지역으로 가면 어떤 경우에는 영하 50도 아래로 떨어진다고 한다. 그래서 가축들이 한꺼번에 몰사하는 경우도 있다고 한다. 이번 주에도 시골이나 외곽 지역에는 영하 40도 아래로 떨어졌다는 소식이 들린다.

아무튼 해발 1500미터 이상의 고지대에 강력한 추위를 허락하시는 당신의 섭리를 잠시 묵상해 본다. 하나님 나라가 완전히 임하면 생존하기에 가장 완벽한 환경으로 세상이 바뀔 것인데, 그때가 되면 어느 나라 사람들이 가장 기뻐하게 될까? 특히 몽골 땅에 온몸을 불사르며 하나님 나라를 갈망했던 그들이 그런 복을 누리게 되지 않을까?

나를 살게 하는 그 은혜 (2020.1.14. 화)

크고 놀라운 사랑 하늘 보좌 버리신 주
그는 실로 왕이셨지만 영광 버리고
이 땅에 오셨네
자기 몸을 비워 종의 모습을 갖추시고
십자가에 달리시어 우리에게
구원을 주셨네
측량할 수 없는 그 사랑
바다보다 더 깊고 하늘보다 더 넓은 그 사랑
어떤 말로도 표현할 수 없는 그 사랑
하나님 아버지 사랑 나를 살게 하는 은혜

오늘 아침에도 몽골 땅을 향한 아버지의 마음이 느껴진다. 귓가에 들리는 찬양곡이 나의 심금을 울리기 시작한다. 아버지의 "크고 놀라운 사랑"이 물밀듯이 밀려온다. 잠잠할 수가 없어 나의 영은 그분의 임재를 찬양한다. 실로 왕이신 그분이 하늘 영광 버리고 이 땅에 오신 그 사랑이 나의 의식을 충만히 사로잡는다.

측량할 수 없는 그 사랑이 몽골의 아침을 깨우고 있다. 십자가에 달리시어 우리에게 구원을 주신 그 사랑은 아무리 묵상해도 질리지 않는다. 오늘 아침에 묵상한 말씀처럼, 아침마다 새롭고 우리를 향한 주의 신실하심이 크게 느껴진다(애 3:23).

"다 이루었다"(요 19:30)는 당신의 거룩한 절규가 오늘따라 더욱 생생하게 들린다. 십자가 위에서의 그 한 마디 외침이 이 땅을 향해서도 당신의 종들을 통해 증거되기를 원하신다. 우리 눈에는 모든 게 실패로 보이는 그 십자가가, 하나님 나라를 이 땅에 오게 하는 유일한 근거이기 때문이다! 우리를 살게 하는 그 은혜, 나를 살게 하는 그 은혜가 오늘도 몽골의 신학생들에게 부어지기를 간절히 기도한다.

시간보다는 사건이 중요 (2020.1.14. 화)

아침에 하나님의 임재를 느끼며 깊이 묵상하는 것까지는 좋았는데 그다음이 별로였다. 8시 반에 오기로 한 아침식사가 도무지 오지 않는 것이다. 혹시 내가 화장실에 잠시 간 사이에 왔나 싶었지만 그것도 아니었다.

숙소 안에 있는 인터폰은 그냥 장식용인 것 같다. 안내 데스크로 아무리 전화를 걸어도 신호가 가지 않는다. 그래서 그냥 포기하고 어제 이마트에서 사 온 간식거리로 간단히 아침을 해결했다.

9시가 넘어 나가려고 하는데 그제서야 식사를 들고 왔다. 그 순간 몽골인 직원의 당황스럽고 죄송한 표정을 기대했는데, 생각보다 담담

한 태도로 아침밥을 나에게 건네려고 했다. 그래서 나는 약간 정색하며 말했다.

"It's too late. I got to go. You must be here at 8:30 a.m. tomorrow."
(너무 늦었어요. 저 지금 가야 해요. 내일 아침에는 8시 30분까지 꼭 오세요.)

허겁지겁 1층 로비로 내려오니 선교사님이 기다리고 있었다. 차 안에서 우리는 '몽골 스타일'을 무진장 욕했다. 몽골 사람들은 예로부터 유목생활을 오래 하다 보니, 뭐든지 시간 개념보다는 사건 개념으로 이해한다. 밥을 먹는 것이 중요하지, 정확히 몇 시에 먹는 것은 별로 중요하게 생각하지 않는다. 바쁘게 살아가는 한국인에게는 절대 이해되지 않는 개념이지만, 여기서는 너무나 자연스럽게 통용된다. 그래서 약속된 시간을 반드시 지켜 달라고 무진장 강조하고 또 확인해야 겨우 그렇게 하려고 인식한다.

학교에 도착하니 아나나 다를까 현지 신학생들도 제시간에 거의 오지 않았다. 이 친구들은 수업을 하는 것이 중요하지, 몇 시에 정확히 시작하고 마쳐야 하는가는 별로 중요하게 생각하지 않는다. (물론 자기 집이 학교에서 수십 킬로미터 떨어져 있기 때문에 지각하는 학생도 있다.) 선교지의 관습(?)도 존중해 줘야겠지만, 이런 부분에서는 교정시킬 필요도 있을 것 같다. 아무튼 나는 늦은 시간만큼 '정확히' 계산해서 늦게 마치려고 굳게 마음먹었다.

역대급 점심시간 (2020.1.14. 화)

선교지 신학교에 올 때마다 생각나는 성경 구절이 있다. "갈 것 없다. 너희가 먹을 것을 주라"(마 14:16)는 주님의 말씀이다. 말씀을 들으러 몰려든 수많은 무리를 불쌍히 여기며 제자들에게 당부하신 것이다. 이 말씀은 주께서 친히 그 무리를 먹이시겠다는 약속이다! 제자들에게 돈이 없음을 이미 아시고도 그렇게 당부하신 것 자체가 그런 의도를 담고 있다.

사실 이번에는 그냥 강의만 하고 돌아가려고 했다. 현재 필리핀 선교 준비를 위해 '정기후원을' 요청하는 중이기 때문이다. 그럼에도 숨은 후원자들이 여기저기서 나타나기 시작했다. 특별히 주께서 몽골의 신학생들을 긍휼히 여기셔서, 극적으로 출국 하루 전날에 이들을 위한 식사비와 학비(1명 등록금)를 마련해 주셨다. 평소에 젊은 목사의 사역을 지켜보며 기도하는 타지역의 성도인데, 출국 전날 밤에 친히 전화를 해서 거금을 보내 주신 것이다. 먼저 요청하지 않았는데도 말이다.

그래서 이번에도 "너희가 먹을 것을 주라"는 약속을 주께서 친히 이루심을 목격했다. 나는 그저 전달자에 불과했다. 신학교의 모든 학생과 직원들을 데리고 평소에 가장 먹고 싶은 걸 먹으러 나갔다. 선교지 신학생들은 한결같이 신앙적 박해를 받고 가난하게 살기 때문에, 먹고 싶은 음식을 제대로 사 먹지 못한다. 그래서 주저하지 말고 먹고 싶은 걸 최대한 풍성하게 시켜 먹으라고 했다.

혹시 엄청난 비용이 드는 최고급 레스토랑에 가자고 할까 봐 살짝 염려되었지만 그것은 내 생각에 불과했다. 참 소박하게도 신학생들이 가장 먹고 싶어 하는 음식은 피자와 치킨이었다. 한국에서는 주일학교 아이들에게 제공되는 흔한 간식에 불과한데, 선교지 신학생과 직원들에게는 최고로 인정받는 '천국 잔칫상'이다.

나는 이들과 함께 평소에 잘 먹지도 않는 피자와 치킨을 게걸스럽게(?) 먹었다. 신학생과 직원들의 표정에서 음식을 통해 누리는 행복을 발견할 수 있었다. 나한테 감사 인사를  연거푸 할 때마다 마치 내가 대접받는 기분이 들어서 참으로 송구스러웠다. 나는 후원자들의 헌신을 전하는 '전달사'에 불과하기 때문에 늘 내 마음을 철저히 다스린다. 그래서 식사를 다 마치면 반드시 그들에게 식사비의 출처를 밝히 알려준다. 여러분을 위해 기도하는 한국의 동역자들이 전하는 희생과 사랑이라고.

신학교 역사상 오늘 같은 점심은 처음이라고 한다. 그리고 나 같은 강사를 처음 봤다고 한다. 항공표부터 선교지에서의 모든 비용을 일체 부담하고, 학생들과 직원들에게 최고의 식사와 학비를 제공하는 역대급 강사라고 하는데, 아무리 생각해도 나는 그런 칭찬에 걸맞은 사람이 아니다. 선교지를 향한 아버지의 마음에 반응하여 그저 막무가내로 순종했을 뿐이다. 모든 영광을 주님이 받으소서!

주기도문과 하나님 나라 (2020.1.14. 화)

'역대급 점심시간'을 보내다가 다들 오후 수업에 늦어 버렸다. 나도 몽골 스타일에 적응해 보기로 했다. 수업 시간보다 수업하는 게 중요하다니까 시간이 늦어진 것만큼 수업을 더 해도 되겠다고 생각했다. 실제로 그렇게 하겠다고 말하니까 다들 별로 개의치 않았다.

평소보다 과하게 먹어 부풀어 오른 배를 안고 '열강'을 하기 시작했다. 주기도문 본문을 살피면서 헬라어 강독과 함께 그 의미를 차근차근 강해했다. 나의 헬라어 강의 목적은 원문의 의미를 핵심적으로 파악하고, 신학생들의 일상과 생각에 실제적인 변화를 일으키는 것이다. 단순한 원문 해석은 신학생들을 지루하게 할 뿐 아니라, 그들의 신학함에도 그다지 도움 되지 않는다.

이번 헬라어 주기도문 강독에는 특히 하나님 나라를 집중적으로 부각시켰다. 예수께서 가르쳐 주신 "당신의 나라가 오게 하소서!"(ἐλθέτω ἡ βασιλεία σου)라는 기도가 지금 여러분에게 어떤 의미로 들리는지 구체적으로 도전했다. 주기도문으로 하나님 나라가 오게 해 달라고 기도할 때, 여러분의 마음에 무엇을 품고 있는지 생각해 보라고 했다.

하나님 나라는 우리가 죽어서 영혼이 들어가는 낙원이 아님을 분명히 주지시켰다. 육체가 없고 영혼만 가 있는 낙원은 '중간 상태'라고 재차 상기시켰다. 주께서 역사의 마지막 날에 다시 오셔서 원래 창조 때의 그 모습(또는 그 이상)으로 회복시키실 그 나라가 바로 우리가 밟고 있는 이 땅이라고 힘주어 말했다.

주님이 다시 오실 때 우리는 이 땅에서 영광스러운 부활을 경험한다. 천상에 있는 성도의 영혼들과 함께 강림하셔서(살전 3:13), 이 땅에 잠자고 있는 우리의 몸을 일제히 일으키시어 그 영혼과 육체가 결합되게 하신다(WLC 87 참고). 그날에 우리가 밟고 있는 이 땅은 더 이상 죄가 없고 고통과 슬픔과 사망이 없는 완전한 상태로 변화된다. 이것이 바로 완성된 천국(하나님 나라)의 모습이다. 따라서 하나님 나라는 이 세상에 완성되는 것이다.

나는 몽골 신학생들에게 거룩한 흥분 상태로 도전했다. 여러분은 과연 이 추운 몽골 땅이 하나님 나라로 변화될 것이라고 확신하는지 말이다! 생존 자체가 힘든 이 동토(凍土)가 주님의 재림 때 하나님의 영광으로 충만하여, 가장 살기 좋은 상태로 바뀔 거라고 정말로 믿고 있는지 말이다! 주께서 친히 그 일을 이루시지만, 진행되는 과정에 여러분의 헌신을 동원하기 원하신다는 것을 꼭 기억하라고 도전했다.

그렇기 때문에 몽골 땅에 진행되는 하나님 나라는 여러분에게 달려 있다고 말했다. 하나님 나라를 이곳에 오게 하는 관문이 바로 교회이기 때문이다. 그래서 교회 사역자인 여러분이 정말로 정신을 차리고 신학 공부를 제대로 해야 한다고 도전했다. 교회의 사활이 여러분에게 달려 있기 때문이다!

이번 주는 나도 아침마다 몽골 땅에 임할 하나님 나라를 묵상한다고 말해 주었다. 몽골을 향한 아버지의 마음을 깊이 느끼며 아침마다 '나홀로 예배'를 숙소에서 드린다고 진솔하게 나누었다. 어느덧 신학생들의 표정이 진지해지고, 하나님 나라를 갈망하는 마음이 생기고 있었다. 그들을 통해 진행되는 그 나라를 소망하며 이튿날 헬라어 수업을 마쳤다.

솟구친 감격의 눈물! (2020.1.14. 화)

오늘 내 마음을 움직인 여러 가지 에피소드를 정리하다가 그만 울컥하고 말았다. 침대에 내 몸을 가장 편하게 맡긴 채로 내 영혼은 가장 깊은 내면에서 기도하고 있었다. 하나님 이 나를 이렇게 사용하신다는 자체가 참으로 황송하면서도 감격스러 웠다. 주의 은혜가 아니면 벌써 폐기 처분되었을 죄인인데, 주께서 귀한 사명을 맡기시고 그 일에 내가 사용되고 있음을 절대적으로 확신 할 수 있었다.

그래서인지 감격의 눈물이 한동안 멈추지 않았다. 특별히 선교지 신 학교마다 나를 보내시는 그분의 은혜가 참으로 감격스러웠다. 정말이 지 나는 선교사들의 인생을 부러워한다. 하나님 나라를 오게 하려고 그 땅의 영혼들을 가슴에 품고 기도하며, 그곳에 십자가의 복음을 심 으려는 그들의 거룩한 열정은 언제나 나의 심장을 뛰게 한다. (물론 일부 몰상식한 선교사들의 실체도 잘 알고 있다.)

하나님이 우리 가족을 선교사로 준비시키고 계심을 갈수록 확신하 고 있다. 현재 아내도 아들 셋을 장모님께 맡겨놓고 사모 훈련 차 여수 에 가 있다. 그곳에서 열방을 향한 아버지의 마음을 느낄 수 있기를 소 망한다. 이제 올해 상반기 MMF 선교훈련만 마치면, 그나마 우리 가족 이 선교사의 기본적인 자질을 갖추게 된다.

감격에 솟구친 나의 눈물을 우리 주님이 분명히 지켜보고 계셨으리라! 주께서 나를 선교지로 부르셨다는 명백한 사인(sign)으로 내 영혼은 확신하게 되었다. 거룩한 선교 사역에 내가 직접적으로 사용될 거라고 상상하니까 벌써부터 온몸이 전율에 사로잡힌다. 솟구친 감격의 눈물을 여러 사역자들이 똑같이 경험하면 정말 좋겠다!

역시 사건 중심이 맞다 (2020.1.15. 수)

어제 제시간에 아침식사가 안 온다고 약간 정색했더니 변화가 있었다. 그런데 오늘은 너무 일찍 들고 왔다. 어제 그토록 8시 30분까지 와 달라고 강조했건만, 오늘은 8시가 되기도 전에 방문을 두드렸다. 9시 넘어서 가져오는 것보다는 그나마 낫지만, 시간을 안 지키는 건 매 한 가지였다.

몽골은 역시 시간보다는 사건 중심이 맞다! 밥을 먹는 게 중요하지 정확히 몇 시에 먹어야 하는가는 별로 안 중요하다. 선교사님 말로는 그들이 밥을 갖다 줬으니까 자기 할 일을 다 했다고 생각하며 미안해하지 않는다고 한다. 8시 30분 약속이면 앞뒤로 30-40분 이상은 대비하고 있어야 한다.

내일은 몇 시에 갖다 줄지 벌써부터 궁금해진다. 하긴 3년 전에 청년들 데리고 단기선교 차 왔을 때도, 점심시간이 되었지만 배달 주문한 음식이 1시간 이상 늦게 온 적도 있었다. 물론 미안한 기색이 별로 없었다.

그래서 어제 학생들에게 앞으로 9시 수업이라고 통역사를 통해 말해 두었다. 그래야 9시 반에 수업을 시작할 수 있을 것 같기 때문이다. 나는 태연하게 9시 넘어서 숙소를 나섰다. 몽골 스타일에 적응하기 위해서이다. 나도 강의를 하는 게 중요하지, 몇 시부터 강의해야 하는지 중요하지 않다고 생각하련다. 물론 이번 주 몽골에 있을 동안만이다.

MIU 카페에서 한 컷 (2020.1.15. 수)

오전 강의를 마치고 선교사님과 점심을 먹으러 나왔다. 이번 주에 나와 관계된 어떤 비용도 절대 지출하지 마시라고 단단히 일러두었다. 선교지에 와서까지 선교사님들께 부담을 주면 안 된다는 나의 사역 원칙 때문이다.

한국인 식당에서 식사를 마치고 가까운 카페에서 내가 커피까지 산다고 말씀드렸다. 재작년에 들렀던 MIU(몽골국제대학교) 카페 Gilgal이 생각났다. 겨울방학이라서 학생들도 없고 조용할 것 같아 그곳으로 향했다. 역시나 분위기가 조용하고 아무도 없었다.

MIU(Mongolia International University)는 한국, 미국, 캐나다, 영국 등 10개 나라 이상의 학생들로 구성된 기독교 대학이다. 베스트셀러 『내려놓음』의 저자 이용규 선교사님이 한때 부총장으로 역임했던 곳이기도 하다. 몽골 교육부로부터 인가를 받아 설립된 사립대학인데, 현재 모든 수업은 영어로 진행되고 있다.

국제대학교답게 카페 직원들도 여러 언어에 능통했다. 내가 한국인인 걸 바로 알아차리고 능숙한 한국어로 주문을 받았다. 카페 내부에도 영어와 한국어가 동시에 표기되어 있었다. 선교사님과의 대화가 깊어져 시간 가는 줄도 몰랐다. 그래도 나는 개의치 않았다. 선교사님이 걱정되는지 대화를 끝내려고 하셨다.

"목사님, 아까 1시 반에 오후 강의 시작한다고 하지 않았어요?"

"물론 그렇게 말했지요. 그래야 원래 수업 시간인 2시에 시작할 수 있으니까요!"

어느덧 사건 중심의 몽골 문화에 금세 적응한 나 자신을 발견하게 되었다. 그래도 2시 전에는 학교에 도착했다.

대초원인가? 눈밭인가? (2020.1.15. 수)

셋째 날 강의를 마치고 외곽으로 나갔다. 테를지의 겨울 전경(全景)을 꼭 한번 보고 싶었다. 흔히 몽골이라고 하면 대초원부터 떠올리는데, 겨울이 길기 때문에 그 초원 자리를 오랫동안 뒤덮는 눈밭도 동시에 떠올려야 한다.

선교사님과 차를 타고 가면서 그저께 숙소 앞에서 '미친 짓'을 한 기억이 떠올랐다. 영하 30도의 바깥 날씨에 셀카봉을 들고 사진 찍다가 휴대폰도 얼어붙고 온몸이 굳을 뻔한 그 사건이, 혹시 테를지에서도 재현될까 봐 살짝 걱정되기 시작했다. 그래서 어두워지기 전에 최대한 서둘러 사진만 몇 장 찍고 돌아오기로 했다.

이전과는 달리 큰 도로가 잘 뚫려서 차로 50분 만에 편안하게 갈 수 있었다. 가는 길에 톨강(Tuul Gol River)이 훤히 보이는 데서 한 컷 남겼다. 역시 엄청난 추위 때문에 강 전체가 꽁꽁 얼어붙어 있었다. 올 겨울은 유난히 따뜻(?)해서 눈이 많이 안 왔다고 한다. 그래서인지 초원으로 뒤덮였던 그 자리가 '시위라도 하는 듯이' 군데군데 황토색을 드러냈다.

마침내 테를지에 도착했다. 여름에 왔을 때와는 전혀 다른 느낌이다. 마치 시간이 멈춰 버린 듯 인기척이 없고, 살인적인 추위에 모든 생명이 얼어붙은 것 같았다. 여름에는 전  세계에서 관광객이 몰려드는 이곳이 오늘은 딱 두 사람뿐이다. 아무리 배수관을 꽁꽁 싸매도 얼기 때문에, 관광객을 위한 숙소(게르)를 개방할 수가 없다고 한다.

나는 이전의 기억을 더듬으며 테를지의 곳곳을 살폈다. 거북바위도 그 자리에 있었고, 3년 전 청년들과 함께 묵었던 게르 촌도 발견할 수 있었다. 하지만 생명의 기운을 전혀 느낄 수 없었다. 겨울에는 사람이 생존하기가 불가능한 곳이 되어 버렸다.

참으로 대조적이다. 같은 곳인데도 계절에 따라 생명력 넘치는 푸른 초원과 꽁꽁 얼어붙은 잔인한 눈밭이 공존한다. 하지만 사람들이 찾는 것은 푸른 초원이다! 과연 우리의 영적 상태는 어느 쪽인가? 같은 나 자신이지만, 사람들에게 생명력을 맛보게 하는 '푸른 초원'인가? 아니면 스스로가 영적으로 질식한 줄도 모르고 나를 찾아오는 사람들을 얼어붙게 만드는 '잔인한 눈밭'인가?

현지 교회 방문 (2020.1.16. 목)

넷째 날 강의를 마치고 현지 교회를 방문했다. 선교사님과 현지인 통역사도 함께 갔다. 이 교회의 사역자는 신학교에서 배운 대로 교회 개척을 시작한 신학교 졸업생이라고 한다. 몽골 땅에 바른 교회를 세우려는 거룩한 열정을 가진 동역자이다.

무당들이 있고 낙후된 지역에 교회당이 있었다. 한국에서 생각하는 그런 교회당이 아니고 그냥 게르였다. 그런데 사역자의 얼굴이 낯이 익었다. 아니나 다를까 나를 보자마자 반가운 얼굴로 맞아주었다.

알고 보니 3년 전에 내가 가족들과 함께 몽골을 방문했을 때 내 강의를 들었던 졸업생이다. 통역사를 통해 내 가족의 안부를 묻기도 했다. 나는 기분이 묘했다. 어떻게 보면 나도 이 친구를 가르쳤던 선생인데, 한때 내 강의를 들은 신학생이 벌써 졸업해서 교회를 개척한다는 게 참 신기했다.

더구나 이 친구와 함께 내 강의를 들었던 또 다른 졸업생도 같이 있었다. 역시 나를 기억하고 있었다. 함께 신학 공부는 했지만 자신은 목사가 될 자격이 없음을 깨닫고, 앞으로 훌륭한 장로가 되어 평생 친구의 목회를 돕겠다고 한다. 참으로 감동적인 고백이다. 어떻게든 빨리 목사가 되어 교회를 해 보겠다(?)는 보통 몽골인 사역자들과는 차원이 다르다.

나는 선교헌금을 이 교회에 전달했다. 한국의 동역자들이 몽골을 사랑하는 마음으로 보내준 것이라고 말했다. 가난하고 소외된 자들을 위해 목회하려는 그 일에 작은 보탬이 되기를 바랐다. 게르로 된 소박한 교회당 안에 하나님의 언약 백성들로 가득 차기를 잠시 기도했다. 앞으로 몽골 땅에 바른 교회의 샘플이 되기를 소망하며 우리는 다음 만남을 기약했다.

몽골의 최대 재래시장 (2020.1.16. 목)

통역사는 다른 볼일로 먼저 갔고, 선교사님과 나는 다른 곳으로 이동했다. 꼭 보여 주고 싶은 곳이 있다고 하셔서 나도 궁금한 마음으로 따라 나섰다. 차를 타고 이동할 때는 몰랐는데, 걸어 다니기 시작하니까 무서운 냉기가 슬슬 엄습하기 시작

했다.

나는 완전무장을 하고 선교사님 뒤를 따라다녔다. 우리가 둘러보는 곳은 몽골의 최대 재래시장이고 한다. 13구역 남양주 문화센터 부근인데, 이름하여 '나란톨 자흐'였다. 참고로, '자흐'는 몽골어로 시장이라는 뜻이다.

몽골 사람들은 이곳에서 모든 것을 구할 수 있다고 한다. 실제로 내눈에도 없는 게 없어 보였다. 각종 먹거리와 생필품은 물론, 겨울철을 위한 석탄 관련 설비까지 모든 게 다 있었다. 규모도 엄청나서 하루 종일 둘러봐도 모자랄 정도였다.

무엇보다 내 눈에 인상적인 것은 몽골 사람들의 강인함이다. 이렇게 추운 날씨에도 이곳의 상인들은 외투 한 벌과 간단한 방한 도구로 하루 종일 버틴다. 나는 방한 마스크를 하고도 코가 시리는데, 그들은 마스크 없이도 아무렇지도 않은 모양이다. 선교사님 말로는 몽골인이 춥다고 느끼는 날씨는 우리가 느끼는 것과는 차원이 다르다고 한다.

방한 마스크 사이로 새어 나오는 내 호흡이 속눈썹을 얼게 만들었다. 더 이상 돌아다니다간 '동태'가 될 것 같아서 우리는 차를 타고 다른 장소로 이동했다. 잠시나마 나는 몽골 사람들의 평범한 일상을 가까이에서 지켜볼 수 있었다. 앞으로 나란톨 자흐에도 하나님 나라의 복음이 울려 퍼지길 소망해 본다.

휴대폰 분실 소동 (2020.1.16. 목)

선교사님과 저녁을 먹고 어떤 카페로 들어갔다. 들어서는 순간부터 몽골의 다른 카페와는 뭔가 다른 분위기가 느껴졌다. 마치 한국의 일반적인 카페로 내 눈에 비춰졌다. 젊은 청년들이 이어폰을 끼고 공부하거나 책을 읽는 모습이 곳곳에 보였다.

더욱이 매장 가운데 책장에는 약간의 한국어 책과 심지어 신앙서적도 꽂혀 있었다. 나는 선교사님과 함께 깊은 대화를 나눴다. 처음 몽골에 오시게 된 사연과 신학교 사역 중에 일어난 에피소드 등을 소상하게 들을 수 있었다. 선교지에는 드라마틱한 일들이 자주 발생한다고 한다. 사역 중에 목숨의 위협을 느끼는 순간도 있고, 현지인 사역자들과 소모적인 갈등을 겪는가 하면, 심지어 차 안에 둔 각종 물건을 도난당할 때도 있다고 한다.

대화가 깊어지다 보니 시간 가는 줄도 몰랐다. 더 늦어지기 전에 우리는 서둘러 카페 밖으로 나왔다. 추운 밤길을 한참 걸어서 주차장에 도착하는 순간 뭔가 이상한 기분이 들었다. 내 휴대폰이 없어졌다! 일단 차에 타서 주머니를 아무리 뒤져봐도 찾을 수 없었다. 물론 차 안에도 없었다.

기억을 더듬어 보니 카페에서 대화하다가 우측 선반에 올려놓은 것 같았다. 잽싸게 카페로 가 보았지만 이미 사라진 상태였다. 직원에게 말하니까 지금 CCTV가 고장 나서 당장 확인해 줄 수 없다고 했다. 다른 연락처를 알려주면 나중에라도 발견될 때 연락해 준다고 했다.

역시 몽골은 한국과 다름을 느꼈다. 한국의 웬만한 카페에서는 휴대폰을 깜빡 놔두고 가도 나중에 다시 와서 거의 찾을 수 있다. 보통 옆테이블의 사람들이 발견해서 직원에게 맡겨둔다. 그런데 몽골에서는 절대 그런 분위기가 아니라고 한다. 잠시 방심하는 사이에 물건이 없어질 수가 있으니 늘 조심해야 한다.

혹시 가는 길에 떨어뜨렸나 싶어 찾아봤지만 역시 발견할 수 없었다. 그냥 미련을 버리기로 했다. 성격상 나는 불가능하다 싶으면 그 자리에서 마음을 비워 버린다. 고민해 봤자 어차피 해결할 수 없기 때문이다. 혹시라도 나중에 발견되면 필요한 현지인에게 주시라고 선교사님께 말씀드렸다.

안 그래도 최근에 나랑 통화하는 사람들마다 잘 안 들린다고 아우성이다. 9월 필리핀 출국 전에 꼭 휴대폰을 바꿔야겠다고 생각하던 차에 이런 일이 생긴 것이다. 그래서인지 별로 아깝다는 생각이 들지 않았다. 오히려 속이 시원해졌다. 선교사님이 괜히 미안해하시는 것 같아서 그게 도리어 죄송스러웠다.

젊은 목사가 잠시 부주의해서 괜히 선교사님의 마음에 부담을 안겨드린 것 같다. 휴대폰에 지문과 비밀번호를 설정해 뒀으니까 풀어서 사용하기는 불가능할 것 같고, 아마 잔인하게 해체되어 부품용으로 누군가에게 팔릴 것 같다.

그동안 휴대폰에 너무 집착한 면도 있었는데, 이번 기회에 좀 멀리하는 훈련을 해야겠다. 그 도둑놈 덕분에 주님을 묵상하는 시간이 당분간 늘어날 것 같다. 나도 선교사님처럼 벌써 선교지에서 도난당하는 에피소드를 '영광스럽게' 경험했다.

마지막 강의 (2020.1.17. 금)

드디어 마지막 강의를 마쳤다. 정말 한 주가 쏜살같이 지나갔다. 이번 헬라어 집중강의는 전체 학년이 그 대상이라서 약간 산만한 느낌이 들었다. 하지만 전반적인 분위기는 생각보다 긍정적이었다. 중간중간에 들리는 피드백을 봐도 그런 것 같다.

매번 느끼는 거지만 선교지 신학교 강의는 철저하게 현장 중심이어야 한다. 당장 써 먹을 수 있도록 가르쳐야 한다는 의미가 아니라, 강의 내용이 현지인 신학생들의 '일상'과 앞으로 전개될 '사역'에 직결되어 있어야 한다는 뜻이다. 다시 말해, 그들이 무엇 때문에 신학 공부를 하고, 특히 이번 강의 같은 경우에는 헬라어 공부를 왜 하는가를 집중적으로 부각시켜야 한다.

나는 이번 한 주간 그들에게 몽골 땅에 임하게 될 하나님 나라를 계속 강조했다. 하나님 나라(구속적 통치)의 확장이 그들이 섬길 교회를 통해 진행되기에, 신학생으로서 그들이 말씀의 의미를 헬라어로 정확히 해석하여 성도들에게 전할 사명이 있음을 일깨워 주었다. 하나님 나라의 관문인 교회의 생명력이 그들이 전할 성경 해석에 달려 있다고 해도 과언이 아니다.

헬라어 강독 중에 또한 몽골 땅을 향한 주님의 마음이 느껴지도록 계속 도전했다. 어찌 보면 선교지 신학생들에게 가장 중요한 부분이다. 그들은 상대적으로 열악한 신학 교육을 받기 때문에, 신학적 소양으로는 한국 목회자들을 거의 따라올 수 없다. 초기 우리나라의 사역자들처럼 말이다.

당시 우리나라의 목회자들도 서양 선교사들에게 신학 교육을 전적으로 의존하고 있었다. 그들이 보기에 우리의 신학적 소양은 참으로 초라했었다. 그러나 우리 선배들은 당시 조선 땅을 향한 주님의 마음을 품고 있었다. 지금의 설교학적 관점으로는 낙제점에 가까운 그들의 설교를 통해 수많은 영혼들이 주님께로 돌아왔다. 일제 강점기에서도 우상을 절대 섬기지 않으려는 불굴의 의지가 그들에게 있었다. 조선 땅에 진행되는 하나님 나라를 믿음의 눈으로 보았기 때문이다.

나는 복음의 빚진 자로서 몽골 땅에도 동일한 역사가 일어나길 고대하고 있다. 이번 한 주간 몽골 땅을 향한 아버지의 마음이 느껴져 나 혼자 매일 숙소에서 '셀프 부흥회'를 가졌다. 몽골의 신학생들에게도 동일한 마음이 성령을 통해 부어지기를 기도한다. 그들이 비록 신학적 소양은 부족할지 모르나, 몽골을 향한 주님의 마음을 품고 하나님 나라의 복음을 이 땅 가운데 능력으로 증거하길 소망한다.

마지막 강의 때 몽골 신학생들이 손을 뻗어 부족한 강사를 축복해 주었다. 감사의 메시지와 함께 다음에 또 와 달라는 이들의 말이 참 위로가 된다. 그리고 갈수록 확신이 드는 한 가지가 있다. 신학적으로 무장된 뜨거운 심장을 가지고 하나님 나라를 갈망하는 것이 지금 이들에게 필요하다! 세상의 눈에 빈약해 보이는 이들을 영광스럽게 들어 쓰실 하나님의 큰 능력을 간절히 구한다.

선교지일수록 성령의 역사! (2020.1.17. 금)

몽골 땅에 복음이 들어간 지 30년 정도 지났다. 한국에 비하면 아직 선교 역사의 초기 단계라고 할 수 있다. 지난번에 왔을 때는 몽골에 처음으로 들어온 한국인 선교사 부부를 만난 적이 있다. 몽골 선교의 살아 있는 역사이다.

거의 매년 몽골을 방문하지만, 적어도 내가 볼 때 아직은 신학적 자립이 불가능한 상황이다. 현지인 목회자들이 스스로 연구하고 바른 신학적 바탕 위에 교회를 세워 나가는 역량이 턱없이 부족하다. 한국과 기타 나라의 신학자와 목회자들이 반드시 신학적 지원을 해야 한다. 특히 나 같은 현장 사역자로서 학자적 목회자가 자주 와야 한다.

몽골인의 기질 때문이기도 하겠지만, 복음이 처음 전해지는 선교지일수록 사람들이 초자연적인 현상에 매우 집착한다. 그래서인지 어설픈 은사주의자들이 몽골에도 활개를 치고 있다. 사람들의 이목을 단번에 집중시킬 수 있는 은사 사역에 현지인 목회자들이 열을 올리고 있다.

이런 상황에서 우리는 진정한 성령의 역사가 무엇인지 제대로 가르치고 보여 줘야 한다. 바른 신학과 교리를 철저하게 가르치고, 이것을 바탕으로 성령의 역동적인 일하심을 동시에 강조해야 한다. 선교지를 혼란스럽게 하는 은사주의자들과는 차원이 다른 성령의 역사를 개혁파 사역자들이 체험하고 추구해야 한다.

선교지의 강퍅한 영들을 굴복시키는 것은 신학과 교리 자체가 아니다! 바른 신학과 교리를 죄인의 존재 내면에 이식시키는 성령의 역사이다. 이것을 가능하게 하는 방편이 바로 우리의 기도이며, 또한 하나님 나라에 대한 실제적인 갈망이다.

성경과 교회 역사를 있는 그대로 보라. 십자가의 복음과 참된 교리가 어떻게 전수되고 있는가? 초대 교회에 나타났던 최초의 부흥이 어떻게 계속 재현되고 있는가? 부흥을 일으키시는 성령의 주권적인 역사를 통해 교회의 생명력이 보존되고 있다. 그것을 잘 담아내는 그릇이 바른 신학과 바른 교리이다. 이런 맥락에서 16세기 종교개혁자들의 신학적 작업이 우리에게 참으로 중요한 자산이다.

갈수록 나는 확신이 든다. 선교지일수록 성령의 역사를 제대로 보여 줘야 한다. 어설픈 은사주의자들이 판을 치지 못하도록 바른 신학으로 무장된 현장 사역자들이 선교지에서 배출되어야 한다. 영적 분별력을 가진 냉철한 지성과 하나님 나라에 대한 갈망을 생생하게 소유하도록 우리도 그들을 위해 기도해야 한다.

선교지에서 듣는 청년들의 소식 (2020.1.18. 토)

새벽에 일어나 묵상하며 글을 남기다가 놀라운 소식을 접했다. 오늘은 우리 교회의 특별새벽기도회 마지막 날인데, 청년들이 무려 21명이 참석했다는 것이다. 물론 주 중에는 다들 학교 다니고 직장생활 하느라 많이 나오지 않는다. 그래서 매번 '특새' 때마다 토요일만큼은 청년들이 새벽에 나와 기도하도록 독려하고 있다.

그런데 이번에는 담당교역자가 몽골에 와 있는데도 자기들끼리 독려해서 내가 부임한 이후로 가장 많이 참석했다. 기분이 조금 묘하다. 내가 함께 있을 때보다 없을 때 오히려 더 열심을 내고 있다. 정말로 교역자의 부재가 이들의 열정을 이끌어 낸다고 해석해야 하나? 이제 안심하고 선교지로 완전히 떠날 때가 됐나 보다.

4년 전에 부임할 때 절망적으로 보이던 이들이 지금은 내가 봐도 부쩍 성장해 있다. 이전에 교리를 이상하게 배웠는지, 전도할 필요도 없고 기도할 필요도 없다고 말하던 청년들이었다. 그런데 지금은 나름대로 기도와 전도에도 열심을 내고 있다. 물론 숫자도 부쩍 늘었다.

한국에서나 선교지에서나 영혼들을 변화시키는 주체는 '믿음을 일으키시는 성령님'이다(WSC 30 참고). 기도의 영으로 우리 함께하시는 주의 성령께서 십자가의 복음과 참된 교리를 깨닫게 하신다. 그래서 나는 성령께서 일하시는 데 내가 방해되지 않도록 최대한 상황을 분별하며 민감하게 반응한다. 청년들에게 은혜가 임하게 하는 전달자로서의 역할만 충실하게 감당할 뿐이다.

카톡으로 보내준 청년들의 사진을 보니 참으로 감격스럽다. 주께서 앞으로 이들의 인생을 어떻게 사용하실지 벌써부터 기대가 된다. 담당 목사로서의 간절한 바람이 있다면, 주님이 이들을 통해 부산 지역의 영적 대각성을 일으켜 주시면 좋겠다. 또

한 부산 지역을 넘어 한국 땅과 전 세계로 하나님 나라의 복음이 이들을 통해 증거되게 하시기를 간절히 소망한다.

몽골 땅을 위한 기도 (2020.1.18. 토)

온 세상의 주인이신 하나님, 오늘 새벽에도 이곳 몽골 땅을 가슴에 품고 기도합니다. 아니, 더 정확히 말해 저에게 이번 한 주간 이 땅을 품게 하셔서 감사드립니다. 이곳을 향한 아버지의 마음을 부어 주셔서 정말 감사드립니다.

모든 것이 얼어붙은 이 땅이지만, 이곳에도 그리스도의 계절이 도래한다는 것을 확신합니다. 남들이 보기에 실패한 그 십자가가 이곳 몽골에도 더욱 울려 퍼지길 소망합니다. 주의 성령께서 이곳 신학생들과 사역자들을 일깨우시어, 그들을 통해 십자가의 복음이 능력 있게 증거되게 하소서!

무엇보다 하나님 나라에 대한 갈망이 불일 듯 일어나기를 소원합니다. 온갖 부정과 부패가 만연하는 이곳에 하나님의 공의와 사랑이 심겨지게 하시고, 이곳에 있는 당신의 종들에게 현재 진행되고 장차 완성될 그 나라를 믿음으로 보게 하소서! 그 어떠한 상황에도 절망하지 않고, 다시 오실 예수께서 이곳을 회복시키실 그날을 날마다 꿈꾸게 하소서.

당신의 종들에게 이 땅을 향한 눈물을 주소서. 잠시 왔다가는 저에게 주신 이 눈물을 이곳의 사역자들에게도 동일하게 허락하소서. 상황이 힘들면 힘들수록 아버지의 사랑에 감격해서 더욱 눈물을 흘리게 하소서! 그리하여 그 눈물의 씨앗이 이 땅을 하나님 나라로 회복시키는 동력이 되게 하소서.

몽골 땅의 주인이신 하나님, 이곳의 교회들을 위해 기도합니다. 그리스도의 몸 된 교회가 세워지게 하시되, 바른 신학과 바른 교리로 무장되게 하소서. 성령께서 친히 주관하시는 능력의 공동체가 되게 하소서. 어설픈 은사주의자들과 이단들이 감히 흉내 낼 수 없는 사도적 복음을 능력 있게 전하는 교회가 되게 하소서!

이제 저는 몽골 땅을 떠납니다. 하나님께서 이곳을 향한 당신의 마음을 또 다른 사역자들에게 부으시어, 그들도 이 땅의 회복을 위해 자신의 은사와 재능을 쏟아 붓게 하소서. 그리하여 이곳의 사역자들과 협력해서 하나님 나라를 함께 이루어 가게 하소서. 성령의 도우심을 힘입어 예수 그리스도의 이름으로 기도합니다. 아멘.

· 여섯 번째 ·

필리핀의
또 다른 곳으로

(2022)

2022년 7월 14일부터 18일까지 필리핀 다스마리냐스 다사랑교회에서
연애신학 세미나를 섬기며 기록한 내용이다. 특별히 아내와 함께 결혼기
념일을 선교지에서 보내는 색다른 경험이었다. 코로나 펜데믹 이후로 첫
필리핀 방문이어서 더욱 뜻 깊은 추억이 되었다.

오랜만에 외국으로 (2022.7.14. 목 21:00)

2년 6개월 만에 국제선을 탔다. 코로나 터지기 직전에 추운 몽골 땅을 밟아보고 이제는 더운 필리핀 땅으로 향한다. 이틀 후면 결혼기념일이다. 선교지에서 17주년을 기념하고 싶은 마음에 아내도 동행하게 되었다. 무엇보다 삼형제를 두고 와서 아내가 아주 홀가분해(?) 보인다. 아이들도 엄마, 아빠 없이 외할머니와 함께 있어 아마 해방감에 사로잡혀 있을 거다. 며칠 지나면 또 어떻게 될지 모르지만.

아내와 함께 선교지 곳곳을 방문하고 싶은 열망이 조금씩 실현되는 것 같다. 평소에 선교지원 사역을 하다 보니 나의 은사와 재능이 필요한 곳마다 어떻게 해서라도 힘을 보태려고 애쓴다. 그러다 보니 나의 고유한 사역은 거의 없다. 당분간 주님이 이런 사역을 계속 시키실 것 같은 기분이 든다. 무익한 종은 그저 순종하는 수밖에.

비행기 안은 또 하나의 공동체 같다. 같은 목적지를 향해 모두가 함께 달려가는 중이다. 서로 친한 사람들도 있고 전혀 모르는 사람도 있으며, 국적이 같은 사람도 있고 국적이 다른 사람들도 있다. 하지만 같은 비행기 안에 있다는 이유만으로도 도착 전까지는 모두가 운명을 같이 한다.

교회 공동체도 좀 비슷한 것 같다. 하나님 나라의 완성(또는 극치)을 향해 모두가 달려가는 중이다. 서로 친한 사람도 있지만 잘 모르는 사람도 있고, 생각이 같은 사람도 있지만 생각이 전혀 다른 사람들도 있다. 그럼에도 그리스도의 한 몸 된 교회로서 존재하는 한, 천국(하나님 나라) 완성이라는 사명에서 결코 이탈할 수 없다.

다른 승객들은 모르겠지만 우리 부부는 필리핀 땅에서 하나님 나라를 꿈꾸려고 비행기에 몸을 실었다. 거창한 말처럼 들리지만 선교사님의 사역에 그저 작은 보탬이 되고 싶을 뿐이다. 비행기가 30분 연착되었는데 아무래도 자정이 넘어 도착할 것 같다.

새 소리에 눈을 뜨다 (2022.7.15. 금 06:00 현지시간)

아침 일찍 행복한 알람 소리가 들렸다. 창문 너머로 새들이 노래하고 있었다. 여기는 선교사님 사택이다.

아내는 아직 옆에서 잔다. 역시 미인은 잠꾸러기인가 보다. 한국에서는 아내가 잠든 모습을 자세히 볼 여유가 없었는데 필리핀에 있을 동안 매일 쳐다봐야겠다. 24시간 똑같은 아내 얼굴이 참 예쁘기만 하다.

역시 나는 시골 정서가 맞나 보다. 한국에서도 조용한 사택과 사무실에 있고, 여기에서도 한적한 숙소와 아름다운 경치에 흠뻑 취해 있다. 오늘 하루는 자연 경관을 즐기며 내일부터 시작되는 사역을 기대해야지.

시원케 하는 폭포 (2022.7.15. 금 13:00)

오늘은 선교사님 내외분과 함께 투어 중이다. 날씨가 생각보다 안 덥다. 지금은 한국이 훨씬 덥고 훨씬 습한 것 같다. 어젯밤에 창문을 열고 잤더니 아내는 조금 춥다고 했다. 필리핀은 4-5월이 연중 최고 기온이라고 한다.

여기는 마닐라 문화권이어서 그런지 3년 전 보홀에 갔을 때와 분위기가 사뭇 다르다. 음식도 덜 느끼하고 거리마다 훨씬 더 복잡한 느낌이다. 평소에 시끄러운 걸 싫어하지만 오늘 하루는 '강제로' 즐기기로 했다.

숙소에서 3시간 이상을 달려 빌라 에스쿠데로(Villa Escudero)에 도착했다. 한 개인이 소유한 땅이라고 하는데 정말 상상을 초월한다. 큰 규모의 박물관은 물론이고 곳곳에 볼거리가 있고 큰 무대를 갖춘 공연장도 있다.

그중에서 댐으로 만든 폭포(?)는 그야말로 장관이다. 시끄럽게 아래로 돌진하는 물줄기가 방문객들의 이목을 단번에 사로잡는다. 나도 바라보는 순간, 아내와 함께 사진과 영상에 폭포를 담았다. 아내가 사진이 마음에 안 든다고 계속 다시 찍자고 해서 살짝 '짜증' 나긴 했지만.

폭포는 찾는 이들의 마음을 시원케 한다. 세차게 들리는 소리부터가 마음의 응어리를

날려 버린다. 폭포 앞에 있을 때만큼은 분주한 일상을 잊고 '영원한 현재'를 느낀다. 내리치는 물줄기를 계속 쳐다보고 있으면 물속으로 빠져들 것 같은 매력에 빠진다.

그 순간 폭포가 되고 싶어졌다. 찾아오는 이들의 마음을 시원케 하고, 마음의 응어리를 풀어주고, 분주한 일상을 잊고서 하늘의 위로를 느끼게 하는 '인간 폭포'이고 싶다. 이미 힐링 사역을 감당하고 있지만, 더욱더 하나님의 은혜와 위로를 폭포수처럼 느끼게 하는 사람이고 싶다.

폭포 앞에서 필리핀 전통 뷔페를 즐기는 건 그야말로 백미다. 처음에 비주얼이 좀 그랬는데 먹어 보니 생각보다 맛있고 해서 한 바구니(나무접시)를 더 갖다 먹었다. 무릎 아래가 물속에 잠겨 있어 '시원함'의 별미를 더해 주고 있었다.

하나님이 지으신 창조 세계의 아름다움을 음미하는 순간이다. 이곳의 영혼들이 하나님의 영광을 드러내고 천국을 소망한다면 더할 나위 없이 좋으련만. 이 일을 위해 선교지마다 당신의 종들이 고군분투하고 있으니 언젠가 그 소망이 이루어지겠지.

내 마음은 호수요 (2022.7.15. 금 15:00)

내 마음은 호수요

그대 노 저어 오오

나는 그대의 흰 그림자를 안고

옥같이 그대의 뱃전에 부서지리다

　김동명의 시가 저절로 생각나는 순간이다. '빌라 에스쿠데로' 민속 공연을 마치고 선교사님의 안내를 따라 아내와 함께 뗏목을 타고 노를 젓기 시작했다.

　산으로 둘러싸인 호수가 정말 아름답다. 새들이 물고기를 잡으려고 수면 위를 스치듯 비행한다. 시원한 바람은 녹색 빛 호수에 잔잔한 물결을 일으킨다. 모든 게 한데 어우러진 창조주의 하모니처럼 보인다.

　호수에서 노를 저어보니 마음을 호수에 비유한 시인의 의도를 알 것 같다. 평소에 잔잔한 것 같디기도 외부의 지극이 오면 뭔가 소용돌이치는 게 사람의 마음이다.

　창조주 하나님이 사람의 마음에 노를 저으면 은혜의 소용돌이가 치고, 보기 싫은 사람이 내 마음에 노를 저으면 악감정이 마구 소용돌이치기 시작한다. 호수 같은 잔잔한 마음인데 누가 어떻게 노를 젓느냐에 따라 시시각각 바뀌는 게 사람의 마음이다.

　오늘은 사랑하는 아내와 함께 노를 저어서 그런지 사랑의 소용돌이가 치고 있었다. 시인의 말대로, 내 마음의 호수에 그대가 젓는 노에 밀려오는 "흰 그림자를 안고 옥같이 그대의 뱃전에 부서지리다!" 결혼 기념일 하루 앞둔 이벤트로 오늘의 추억을 오래오래 간직하길.

빗소리에 행복을 삼키며 (2022.7.15. 금 22:00)

아침부터 시작한 투어를 마치고 숙소에 들어오니 밤비가 쏟아지기 시작했다. 어릴 적부터 빗소리에 환장하는 본능은 지금도 여전하다. 특히 고요한 밤에 빗소리를 듣고 있으면 행복감이 마구 밀려온다. 하루의 피로감을 한방에 날려버리는 사랑의 묘약 같다.

창밖의 빗소리에 행복을 삼키며 내일부터 시작되는 강의를 기대해 본다. 영어로 해야 하는 부담은 있지만 이미 연애신학 강의를 영어로 한 학기 해서 그런지 부담보다는 기대가 앞선다. 지난 학기 보홀에 이어 이번에는 이곳 다사랑교회(Dasarang Church) 청년들과 일부 신학생들에게도 '하나님 나라를 꿈꾸는 연애관'을 소상하게 나눈다.

얼른 자야 하는데도 하늘에서 내리는 빗방울이 자꾸 마음을 설레게 한다. 하나님의 임재가 빗소리를 통해서도 느껴지는 듯하다. 창조주 하나님은 이미 모든 곳에 충만히 계시기에 우리의 영적 감각이 극도로 예민해지면 언제라도 그분을 느낄 수 있다. 내일부터 시작되는 강의 중에 성령의 충만한 임재와 은혜가 부어지길 기대하며 이만 오늘을 마무리하련다.

제대로 더위 체험 (2022.7.16. 토 10:00)

다사랑교회 청소년·청년들과 드디어 대면했다. 보홀의 훈훈한 기억 때문인지 이곳 필리핀 친구들도 전혀 어색하지 않았다. 시간이 촉

박해서 부랴부랴 강의할 준비를 했다. 강의를 시작할 때 조교 전도사님이 오늘 우리 부부의 결혼기념일을 축하하는 순서도 잠시 가졌다.

처음에는 영어로만 진행하다가 몇 명이 영어가 힘들다고 해서 전도사님의 따갈로그어 통역으로 처음부터 다시 시작했다. 영어를 잘하고 신앙심도 깊은 필리핀 형제인데 아직 싱글이라고 한다. 어디 괜찮은 자매가 없으려나?!

갑자기 문제가 발생했다. 마이크 소리가 안 들렸는데 살펴보니 강의실의 모든 전원이 나가버렸다. 그 순간 밀려오는 폭염의 기운이 나의 온몸을 휘감기 시작했다. 어제까지 한국이 더 덥다고 말한 내 말에 필리핀 날씨가 '빈정 상하기'라도 한듯, 한국에서 온 목사에게 제대로 더운 맛을 보여 주고 있었다.

추위보다 더위에 취약한 나는 갑자기 정신이 혼미해지기 시작했다. 흘러내리는 땀이 눈알을 따갑게 자극하고 있었고, 살찐 나의 등짝은 축축한 옷으로 뒤덮고 있었다.

그래도 멈출 수 없었다. 여기는 선교지다. 더위에 아무리 취약해도 무슨 수를 써서라도 견뎌야 한다. 일단 숨을 크게 들이마시자. 주님의 십자가를 생각하자. 이런 저런 생각들이 나의 뇌리를 끊임없이 스치면서 나의 입은 계속해서 영어 문장들을 내뱉고 있었다.

오후 2시에 전기가 다시 들어온다고 하니까 희망을 가지기로 했다. 나도 더

워 죽겠지만 옆에서 통역하는 조교 전도사님도 무척 더워 보였다. 아무리 현지인이라도 더운 건 더운 거니까. 쉬는 시간을 자주 가지면서 우여곡절 끝에 오전 강의를 마쳤다.

정말 '뜨거웠던' 강의 (2022.7.16. 토 15:00)

오늘 강의는 내 생애 최고로 '뜨거웠던' 강의로 남을 것 같다. 청중의 반응이 뜨겁다는 건 아니고 강의실 온도가 상상을 초월할 정도로 뜨거웠다. 아마 35도는 족히 넘었을 것 같다. 어쩌면 40도에 육박했을지도.

오전에 강의를 시작하고 얼마 후에 전기가 나가서 오후 2시에 복구가 된다더니, 오후 3시 반이 넘어서야 전기가 들어왔다. 전기가 들어올 때 모두가 환호성을 질렀다. 하루 종일 멈춰 있던 선풍기가 켜지는 순간, 정말이지 나는 천국에 입성한 줄 알았다. 선풍기 바람도 여전히 뜨거웠지만 바람을 쐴 수 있다는 자체가 정말로 기쁘고 행복했다.

현지인들은 이런 일이 빈번해서 그런지 태연하게 반응했다. 전기가 나가서 뜨거운 기운이 몰려와도 그냥 부채 하나로 군말 없이 하루 종일 버틴다. 나 같은 이방인들이 너무 덥다고 호들갑을 떨며 죽을힘을 다해 기도한다. 사실 지금 기온은 한국이 더 높지만, 한국은 더울 때마다 에어컨을 작동시키면 그만이다. 그런데 여기에서는 그렇게 할 수 없다. 그냥 더위와 습도에 무조건 적응해야 한다.

오늘 강의는 정말 나의 한계를 시험하는 강의였다. 살인적인 실내 온도에 정신이 혼미해진 상태에서 하루 종일 강의를 하는 건 아마 앞으로도 없을 것 같다. 설마 내일 주일설교와 오후 강의 때도 전기가 나가는 건 아니겠지. 생각만 해도 벌써 아찔해지기 시작한다.

반응도 나름 뜨거웠던 강의 (2022.7.16. 토 17:00)

오늘 하루는 글 내용이 온통 덥고 뜨겁다. 마지막 글까지 뜨거운 내용으로 채우려고 한다. 날씨도 뜨겁고 강의실 온도는 더 뜨거웠지만, 청중의 반응도 나름 뜨거웠던 것 같다.

일단 '연애'라는 키워드는 국적을 초월하여 모든 청소년·청년들에게 최고의 관심사이다. 게다가 '신학'이리는 단어로 조합되어 있으니, 이게 뭔가 싶어 더 들으려고 하는 측면도 있다. 크리스천 연애는 신학적이어야 한다고 주장하는 자체가 아직 많은 이들에게 낯설게 느껴지나 보다.

참 신기한 건, 오늘 강의를 들은 청중은 우리로 치면 고등학생과 이제 갓 대학에 입학한 친구들인데 한 명도 졸지 않고 집중했다는 것이다. 한국에서 이 연령대 친구들은 그 정도 집중력을 잘 보이지 않는데, 이곳 다사랑교회 청소년·청년들은 뭔가 다르게 느껴졌다.

말이 어눌한 강사에게 절대 그런 능력이 있을 리는 없고, 평소에 이 친구들을 지도하시는 선교사님의 열정 때문이라는 확신이 들었다. 신학교에서도 목회 윤리학을 가르치신다는데, 교회에서도 젊은 친구들을 바른 신학과 교리로 잘 훈련시키시는 것 같다. 우리 같은 전문 강사들은 강의를 해 보면 청중의 영적 상태를 금방 느낄 수 있다.

특히 통역을 담당하는 이안(Ian) 전도사님은 성품과 실력이 정말 좋은 것 같다. 대화 중에 하나님을 경외하는 중심이 느껴졌고, 교회 후배들을 사랑으로 잘 이끌어 주고 있다는 확신이 들었다. 더구나 똑똑하고 공부도 열심히 해서 선교사님이 유학을 보내려고 생각 중이다. 그런데 교회에 일꾼이 없어 어떻게 할지 고민 중에 계신다.

이제 내일 설교와 강의에도 뜨거운 반응을 기대해 본다. 인위적으로 청중의 반응을 불러일으키는 건 죽기보다 싫기 때문에 위로부터 임하는 성령의 능력을 고대해 본다. 어설픈 영어 설교와 강의를 통해서라도 필리핀 현지인들에게 은혜를 베푸시는 하나님의 역사를 간절히 기대한다.

추워서 새벽에 깸 (2022.7.17. 주일 05:00)

자다가 추운 기분이 들어 새벽에 잠을 깼다. 꿈인 줄 알았는데 정말로 방 안의 공기가 쌀쌀하게 느껴졌다. 이불을 푹 덮고 있는 아내가 추워 보여서 얼른 창문을 닫았다. 휴대폰 날씨 앱을 켜보니 현재 온도가 23도였다.

참 희한하다. 어제는 하루 종일 뜨거운 열기에 쪄 죽는 줄 알았는데,

하루 밤을 지나는 사이에 기온이 이렇게 내려갈 줄이야! 이곳 카비테 주 실랑(Silang)의 7월은 날씨가 참 변덕쟁이다. 아니면 어제 내가 너무 힘들어 하는 걸 필리핀 날씨가 불쌍히 여겨 한번 봐준 것일까. 요즘 계절에 한국에서 더위를 피해 여기로 오는 사람이 있다는 말이 사실인 것 같다.

일어난 김에 오늘 오전에 선포할 설교 원고를 좀 살펴야겠다. 3년 전 보홀에서 주일 말씀을 전했던 기억이 떠오른다. 오늘도 동일한 은혜를 기대하며 밝아오는 창밖을 잠시 응시해 본다.

최선을 다한 주일설교 (2022.7.17. 주일 10:00)

시계 바늘이 오전 10시를 가리키자 주일예배가 시작되었다. 선교지에서 영어 사도신경으로 신앙고백을 함께 해 보니까 뭔가 모를 감격이 밀려왔다. 서로 피부색이 달라도 동일한 신앙을 공유하며 주일 오전에 삼위일체 하나님을 함께 예배한다는 사실에 가슴이 벅차올랐다.

예배순서 하나하나에 필리핀 성도들의 진정성이 묻어났다. 참회의 기도에도, 대표기도에도, 성경 봉독에도 하나님을 향한 경외심이 느껴졌다. 이제 설교자만 잘하면 된다.

설교자의 소개가 끝남과 동시에 한국에서 온 젊은 목사는

강단에 올라섰다. 연애신학 강의와는 또 다른 부담감이 밀려왔다. 설교는 하나님의 말씀을 청중 가운데 능력 있게 이식하는 작업이기 때문에, 순간순간마다 성령의 능력을 철저히 의존해야 한다. 성령께서 어설픈 설교자의 영어를 통하여 당신의 말씀을 모두에게 들려달라고 간절히 기도하며 설교했다.

하나님은 이 시대에 화려한 스펙을 갖춘 인재를 찾으시는 게 아니라, 하나님의 영광을 위하는 순전한 '바보'를 찾으신다고 역설했다. 필리핀의 교회들이 회복되고 부흥해야 하는 이유는 교회를 위해서가 아니라 하나님 자신을 위해서라고 혼신의 힘을 다해 선포했다. 하나님의 이름이 여러분의 교회에 있기 때문에 하나님의 이름이 높아지기 위해서 여러분의 교회가 필리핀 땅에서 부흥해야 한다고 말했다.

영어로 설교하고 현지어로 통역한 까닭에 시간이 2배 이상 걸렸다. 그런데도 어제 강의 때처럼 대부분의 청중들이 귀를 쫑긋 세우고 말씀에 집중했다. 역시 선교사님의 평소 사역이 빛을 발하는 순간이다. 말씀을 경청하는 훈련이 잘 되어 있다는 걸 설교자로서 직감했다. 게다가 통역하는 전도사님도 순간순간 말씀에 민감하게 반응하면서 최선을 다해 현지어로 통역했다.

성령께서 필리핀 성도들의 심령에 말씀의 은혜를 심어 주셨음을 확신하며 어느덧 설교를 마쳤다. 봉헌순서 후에 다시 앞에 나가서 강복선언(축도)을 함으로 주일 오전예배를 모두 마쳤다. 다니엘과 같은 불굴의 신앙이 다사랑교회에 굳건하게 뿌리내리기를 간절히 기도한다.

현지인 인터뷰 (2022.7.17. 주일 11:00)

예배를 마치고 식사 시간 전까지 여유가 있어 깜짝 인터뷰를 진행했다. 인터뷰를 당한 게 아니라 현지인을 인터뷰했다. 강의와 설교의 통역자로 수고하는 이안 전도사님이 어떤 분인지 궁금해지기 시작했다.

우리는 1층에 있는 약간 부실한 벤치에 나란히 앉았다. 내 휴대폰을 셀카봉에 연결해서 촬영을 시작했다. 영상에 전혀 관심이 없었지만, 코로나 덕분에 선교지 신학교 수업을 영상으로 해 봐서 나름 영상에도 관심을 가지게 되었다.

사전에 준비한 게 아니라 그냥 생각나는 대로 몇 가지 질문을 던졌다. 그중에서도 유독 기억에 남는 내용이 있다.

"Do you have any ideal woman for your future spouse?"

(전도사님 미래 배우자로 어떤 스타일을 원하세요?)

"I want my future spouse to be a nurse or doctor. Of course, she must be faithful to God. I have a plan for medical ministry. Both spiritual and physical treatments are needed for us, in my opinion."

(저는 배우자로 간호사나 의사를 원해요. 물론 하나님께 신실해야 하구요. 저는 의료 사역을 계획하고 있습니다. 제 생각에는 영적이고 육체적인 치료 둘 다 우리에게 필요하거든요.)

처음에는 뭔가 있어 보이는
배우자를 원하는 건가 싶었는
데 사연을 듣다 보니 그게 아
니었다. 자기는 총 9남매 중에
장남이다. 안타깝게도 둘째 동
생이 작년에 병으로 죽었다고
한다. 부친도 건강이 안 좋고 모친도 장남을 전적으로 의지하는 상태
였다. 3평 남짓한 방에서 열한 식구가 그동안 살아왔다고 한다. 아무
리 생각해도 그게 불가능해 보이는데, 10년 이상 영적 아비 역할을 하
신 선교사님이 그렇게 증언하신다. 아마 가족들끼리 좁은 방에서 잠
을 교대로 잔 것 같다.

아무튼 이안 전도사님은 그런 처참한 상황에서도 사역자의 소명을
받고 조국의 복음화를 위해 준비하는 중이다. 필리핀의 불쌍한 영혼
들에게 영적인 필요와 육적인 필요를 모두 제공해 주고 싶다는 그의
말이 자기 존재를 걸고 하는 말처럼 들렸다. 나도 어릴 때 부친이 14
년간 병상생활을 해서 그의 말에 깊이 공감하게 되었다.

한국의 동역자들에게 해 주고 싶은 말을 해 보라는 마지막 질문에도
영혼어린 답변을 들려주었다. 자신은 아버지 같은 선교사님이 계셔서
지금의 자신이 존재하는 거라고 한다. 그래서 한국 교회에 감사하고,
한국 교회의 영적 수준을 본받고 싶다고 한다. 그의 말을 듣다 보니 왠
지 모르게 영적 부담감이 밀려오고 마음이 숙연해진다.

주일 식사교제 (2022.7.17. 주일 12:10)

깜짝 인터뷰를 마친 뒤 3층에 올라갔다. 대부분의 성도들이 집에 가지 않고 식사교제에 참여했다. 닭 가슴살이 살짝 섞인 카레가 나왔다. 게다가 현지인들의 입맛에 맞게 담근 김치도 반찬으로 나왔다.

생각보다 '별미'였다. 특히 어린 친구들은 정말 맛있게 먹는 것 같았다. 아내도, 나도 맛있어서 한 그릇을 뚝딱 비우고 좀 더 먹었다. 강사가 선교헌금으로 중식비를 지원해 줘서 평소보다는 조금 풍성한 식단인 듯했다. 이럴 줄 알았으면 좀 더 풍성하게 지원해 드릴 걸 그랬나.

이건 아무도 모르는 비밀인데 인급해야겠다. 어제 점심 때 수강생들과 함께 밥을 먹다가 있었던 일이다. 간장 양념된 닭고기를 내 접시에 담다가 한 덩  어리를 그만 바닥에 떨어뜨리고 말았다. 지저분한 실내 바닥에 떨어진 고기라서 당연히 안 먹고 버려야지 하다가, 이건 아니다 싶어 아무도 몰래 손으로 집어 들고 꿀꺽 삼켰다. 주변을 둘러봐도 전혀 눈치 못챈 걸 보니 성공적인 '작전'이었다. 혹시나 나중에라도 현지인들이 주워 먹을까 싶어 나도 모르게 튀어나온 행동이었다. 잘한 일인지 모르겠지만 흘린 음식을 먹게 하고 싶지는 않았다.

주일마다 성도들이 식탁을 함께 나눈다는 건 의미가 깊다. 주님이 다시 오시면 어린 양의 혼인잔치 식탁에 세상의 모든 성도들이 참여하게 될 것이다(계 19:9). 물론 주님의 살과 피를 기념하는 성찬에 그 의미가 강하지만, 매주 성도들이 한자리에 모여 나누는 식탁교제 또한 그리스도와의 연합, 그리고 성도들과의 연합을 맛보는 현장이다. 우리가 흔히 같이 밥 먹는 사이라고 하면 특별한 친밀감과 유대감을 의미하는 것처럼 말이다.

선교지에서 주일 식사교제를 같이 하는 건 더욱 큰 의미로 다가온다. 국경을 초월하여 서로가 같은 신앙을 가지고 있음을 확인하고, 그리스도 안에서 필리핀 사람이나 한국 사람이나 모두가 한 형제요 한 자매라는 사실을 식사교제를 통해 생생히 느낄 수 있다. 아무튼 필리핀 성도들과 함께 우리에게 최고의 '양식'인 주님을 깊이 음미할 수 있었다.

동네 꼬마 미녀들 (2022.7.17. 주일 15:00)

점심 먹고 곧바로 오후 강의를 시작했다. 강사가 너무 졸려서 위기가 살짝 찾아왔다. 어제 실내 폭염 속 온종일 강의에다가 오늘 오전 설교까지 해서 그런가 보다. 강의하다가 잠들 뻔해서 잠시 쉬는 시간을 가지기로 했다.

1층 출입문 앞에서 스트레칭을 하고 있는데 갑자기 동네 아이들이 몰려왔다. 내가 외국인이어서 아이들의 눈에 신기하게 보이나 보다. 4명 모두 근처에 살고 있다고 했다. 마침 휴대폰을 들고 나와서 아이들과 함께 기념사진을 한 장 찍었다.

강의하고 한 시간 후에 다시 바람 쐬러 나왔다. 또다시 아까 그 꼬마들이 몰려왔다. 다시 만난 게 반가웠는지 나한테 이것저것 묻기 시작했다.

"How old are you?"
(아저씨 몇 살이에요?)

"Can I search for your name on the Facebook?"
(페이스북에서 아저씨 이름 검색할 수 있어요?)

"Do you speak Tagalog?"
(따갈로그어 하세요?)

이번에는 꼬마 미녀들이 휴대폰을 들고 와서 사진을 같이 찍자고 했다. 흔쾌히 응해 주었고, 우리 모두는 잠시 알게 된 기념으로 한 장의 추억을 남겼다. 오전에 이안(Ian)을 인터뷰한 것처럼 이번에는 꼬마 미녀들의 예쁜 모습을 영상으로 담았다. 그리고 아저씨가 지금 이 교회에서 강의하고 있는데, 너희들도 교회에 꼭 나오라고 전도했다.

내가 꼬마들의 사진을 간직하고 있는 것처럼 '그녀들'도 내 사진을 간직하고 있겠지. 외국인이라는 자체가 서로에게 큰 호감을 주나 보다. 갑자기 딸 있는 집이 부러워지기 시작했다. 얼른 정신 차리고 이제 마지막 강의를 하러 올라가야겠다.

마지막 강의 (2022.7.17. 주일 16:00)

오후 4시가 넘어 마지막 강의를 시작했다. 다행히도 오늘은 하루 종일 전기가 나가지 않았다. 평소에 잘 틀지 않는 오래된 에어컨을 선교사님이 강사를 위해 특별히 틀어 주신 것 같았다. 어제와는 전혀 달리 오아시스 같은 시원함 속에서 마지막 수업을 진행했다.

Above all, you must remember that Christian marriage is about the relationship between Christ and the church. Marriage and dating are never separated when you love someone. So Christian dating should be a preparatory process for marriage. You should be able to dream of God's kingdom during the dating. And you must keep the purity before marriage, in particular, because sexual intercourse is permitted only between husband and wife according to Genesis 2:24.

(무엇보다 성도의 결혼은 그리스도와 교회의 관계에 관한 것임을 기억해야 합니다. 여러분이 누군가를 사랑할 때 결혼과 연애는 결코 분리되지 않습니다. 따라서 그리스도인의 연애는 결혼을 위한 준비 과정이어야 합니다. 연애를 하면서도 하나님 나라를 꿈꿀 수 있어야 합니다. 창세기 2장 24절에 따르면, 성관계는 남편과 아내 사이에서만

필리핀 현지인들이 이런 연애 강의를 들어보는 건 생전 처음일 게다. 십대 아이들부터 문란한 성 문화에 노출되어 이미 성적 쾌락의 노예처럼 살고 있다. 현지 선교사님들의 증언을 들어 보면 정말 상상을 초월한다. 오죽했으면 연애신학을 필리핀에서 가르치려고 하겠는가.

세상과 다를 바가 없는 그들의 성 개념에 한국의 젊은 목사가 폭탄을 투하한 꼴이다! (사실 한국도 별반 차이가 없다.) 자기들의 연애를 하나님 나라와 연결시키는 발상 자체가 황당무계할 것이다. 게다가 성경에 근거하여 혼전순결을 반드시 지켜야 한다고 강의를 했으니 속으로 얼마나 거북한(?) 생각을 했겠는가.

그래서인지 학생들이 종종 질문을 했다. 그러면 우리가 좋아하는 건 다 포기하고 성경이 시키는 것만 해야 하냐고 말이다. 어떻게 대답해야 할지 잠시 고민하다가, 하나님이 좋아하시는 것이 우리가 좋아하는 것이 되게 해야 한다고 말했다. 그렇기 때문에 청소년 • 청년 때부터 하나님의 사랑에 사로잡혀 하나님 사랑에 기초한 연애를 확실히 배워야 한다.

마지막 강의를 마쳤다. 몇몇은 강의 내용에 도전을 받았는지 먼저 악수도 청하고 사진도 같이 찍자고 했다. 어린 친구들보다 그래도 20대 청년들, 특히 신학생들이 강의 내용을 잘 이해하고 뭔가 깨달은 것 같았다. 아직 책 내용의 절반밖에 못 다루었지만, 나머지는 선교사님과 신학생들이 잘 소화해서 교회 청소년 • 청년들에게 잘 가르쳐 주실 것을 믿는다.

잠시 숨 돌리기 (2022. 7. 18. 월 08:00)

눈 깜짝할 사이에 떠나야 할 아침이 되었다. 선교지에 올 때마다 느끼지만 뭔가 좀 적응하고 정들만 하면 짐을 싸야 한다. 선교지원 사역자라서 더욱 그렇다. 현지 선교사님들의 사역에 활력과 약간의 필요를 지원하는 사명자의 '슬픈' 현실이다.

아침부터 떠날 채비를 하고 우리는 선교사님 부부와 함께 스타벅스에 가서 잠시 숨을 돌렸다. '따알(Taal) 화산'이라는 관광지를 멀리서 볼 수 있는 아름다운 곳이다. 사역을 마치고 난 후라서 마음의 안식과 함께 더욱 힐링이 되었다. 스타벅스 카페는 한국이나 필리핀이나 좋은 자리에 잘 들어서는 것 같다.

현지의 선교사들도, 나 같은 선교지원 사역자들도 안식과 힐링이 종종 필요하다. 일중독 기질의 소유자들은 더더욱 그렇게 해야 한다. 사역에 몰입하다 보면 주변이 하나도 보이지 않는다. 자신도 안 보이고 심지어 하나님의 임재도 자주 망각한다. 그래서 반드시 사역과 바쁜 일상을 멀리하며 종종 쉼을 가져야 한다.

우리 부부는 커피를 마시면서 거의 부모님뻘 되는 선교사님 부부로부터 많은 것을 배웠다. 선교지의 영혼들을 어떻게 품고 사랑해야 하는지, 또 필리핀 선교가 무엇인지 한 수 배울 수 있었다. 나 같은 선교지원 사역자들은 한 지역에 정착하지 않기 때문에, 그 나라의 속 깊은 얘기들은 현지 선교사님으로부터 들을 수밖에 없다. 따알 화산을 배경으로 사진 한 컷을 남기고 우리는 출국 준비를 서둘렀다.

출국 준비 (2022.7.18. 월 10:00)

아직 팬데믹 상황이라 출국하는 것도 쉽지 않다. 현지에서도 코로나 검사를 해서 음성(negative)이 나와야 한다. 실제로 양성(positive)이 나와서 출국이 지연되는 경우도 있다고 한다.

다사랑교회의 자매가 근무하는 병원에서 우리 부부는 검사를 받았다. 한국에서는 선별진료소가 보통 흰색 아니면 파란색 천막 인데 여기는 노란색 천막이다. 내부에 들어가면 사람들의 얼굴을 다 노랗게 만들어 버린다. 코를 찌르는 건 필리핀 현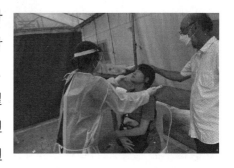지에서도 참 할 짓이 아닌 것 같다. 그래도 한국에서 한때 집중적으로 코를 찔려봐서 그런지 나름 견딜 만했다. 아내는 표정이 일그러질 정도로 통증을 호소했지만.

나도 병원 직원(원목)이라서 그런지 선교지의 병원 내부가 궁금해지기 시작했다. 화장실에 다녀오면서 이곳저곳을 휴대폰 카메라에 담았다. 5년 전에 몽골의 어느 병원에 갔을 때보다는 훨씬 더 쾌적해 보였다. 이곳의 환자들에게도 주께서 치유의 광선을 발하여 주시기를 잠시 기도했다.

결과를 기다리고 있는데 이안 전도사님이 급하게 찾아왔다. 이틀간의 집중 강의에 사의를 표한다며 '감사장'(Certificate of Appreciation)을 만들어 가지고 멀리서 온 것이다. 사실 마지막 강의 때 전달식을 가지기로 했다는데 사역이 많아서 깜빡한 듯했다.

병원 복도에서 우리는 즉석으로 감사장 전달식을 가졌다. 큰일을 한 것도 아닌데 이런 걸 받으려니 뭔가 쑥스럽기도 했지만 기분은 좋았다. 나중에 주님 앞에 설 때도 이런 걸 과연 받을 수 있을까. 선교지마다 힘을 보태줘서 주님이 고맙다고 하시며 하늘의 감사장을 주시지는 않을까. 그때를 대비해서라도 더욱더 열심히, 순전하게 사역을 해야겠다.

주변 식당에 가서 밥을 먹고 있는데 결과가 '음성'으로 나왔다. 만일 양성이었으면 한동안 필리핀에 더 머물 뻔했다. 다음에 또 오라고 음성으로 나왔나 보다. 출국 시각이 다가오고 있어서 우리는 서둘러 자리를 떠났다. 선교사님이 계속 운전하시느라 정말 피곤해 보였다.

다음을 기약하며 (2022.7.18. 월 14:00)

부랴부랴 마닐라 공항에 도착했다. 결혼 17주년 기념 선교여행의 마지막 순간이다. 아내가 행복해하는 걸 보니 이번 선교지 방문이 성공한 것 같다. 벌써부터 다음에 또 오자고 채근한다. 다음에 올 때는 삼형제를 데리고 와서 계획을 세워 선교훈련을 시켜 보자고 한다. 들던 중에 반가운 소리다. 과연 삼형제가 동의할지 모르겠지만.

정말이지 나는 부모로서 세 아들이 선교적 삶을 살아가길 원한다. 2년 전에 필리핀 보홀로 떠나려고 온 가족이 기도하며 준비했건만, 코로나 팬데믹 때문에 국내로 방향을 돌린 상태다. 아이들 상태를 보니 이제는 선교지로 완전히 떠나는 건 힘들 것 같고, 국내에 기반을 두고 시간이 나는 대로 아이들을 선교지로 보낼까 싶다.

하나님도 나를 '선교지원 사역자'로 부르신 것 같다. 내 기질을 잘 아시는 하나님이 나를 한 곳에 정착하지 않게 하시고, 선교지마다 필요한 곳에 가서 집중적으로 강의와 설교 사역을 시키시는 것 같다. 물론 국내에서도 돌아다니면서 여러 교회들을 강의와 집회로 섬기는 중이다.

우리 부부는 다음을 기약하며 비행기에 몸을 실었다. 역시 사람은 비행기를 한 번씩 타야 하나보다. 구름 위에서 아래를 내다보면 초월적인 시각을 가지게 된다. 하나님이 만드신 세상을 내려다보며 하나님 나라가 온 세상에 이루어지기를 저절로 기도하게 된다. 4박 5일이었지만 참으로 많은 걸 느끼고 마음에 간직하고 돌아간다. 그럼 다음을 또 기약하며.

· 일곱 번째 ·

몽골 땅의
영혼들을 품고
(2022)

2022년 9월 30일부터 10월 7일까지 2년 9개월 만에 몽골 땅을 다시 밟으며 기록한 내용이다. 이번에는 신학교 집중강의와 함께 현지 교회에서 연애신학 세미나를 또한 섬기게 되었다. 현지인들의 토속신앙을 접하면서 몽골 땅의 영혼들을 더욱 품는 시간이었다.

다시 몽골 땅으로 (2022.9.30. 금 06:30)

이른 아침인데도 김해공항에 사람들로 북적인다. 이제 코로나가 일상이 된 듯하다. 2년 전 코로나 직전에 추운 몽골을 경험해서인지 나도 모르게 온도부터 살핀다.

역시 몽골의 9월은 차원이 다르다. 월요일에는 영하 13도까지 떨어진다. 2년 전(2020년) 1월에 갔을 땐 영하 31도까지 떨어졌다. 현지인들은 그 해가 여느 해보다 10도 이상 높아 유난히 따뜻한(?) 겨울이라고 했다.

이번에는 겨울이 아니라서 천만다행이다. 아직은 추운 게 실감나지 않지만 몽골공항에 내리면 피부로 느끼겠지. 환질기 비염이 가뜩이나 심한데 추워진 몽골에 가면 더 심해질까 봐 벌써 걱정된다. 병원장님이 처방해 주신 비염약이 있어 그나마 안심이 되지만.

2년 반 만에 몽골 땅을 다시 밟는다. 2017년부터 몽골의 신학생들과 교회를 섬기는 중인데 그러고 보니 벌써 6년째 인연을 맺고 있다. 이번에도 현지의 신학생들과 성도들을 만날 걸 생각하니 벌써부터 설레기 시작한다.

하나님의 카이로스 (2022.9.30. 금 11:40 현지시간)

총 4시간이 걸려 울란바토르 국제공항에 도착했다. 이전과는 다른 위치에 세워진 신공항이다. 한국과의 시차 때문에 '시간'은 3시간만 지났다. 물리적 시간은 4시간이 흘렀는데 실제 '시간'은 1시간이 덜 '흐른' 것이다. 자그마치 60분(3,600초)의 여유가 더 주어진 셈이다. 동쪽으로 자전하는 지구를 거슬러 반대로 왔기 때문에 일어난 현상이다. 왜냐하면 지구인들의 시간은 언제나 태양을 기준으로 하기 때문이다.

우리의 인생 시간도 그러한 것 같다. 모두가 성공을 향해 달려갈 때 그 방향을 거슬러 인생을 살다 보면, 의외로 남들보다 더 많은 여유와 안식이 주어진다. 방향을 반대로 틀었기 때문에 오히려 남들보다 인생 시간이 덜 흐르는 것이다.

왜 그렇겠는가? 우리의 인생 시간은 "의의 태양"(the sun of righteousness, 말 4:2)이신 하나님을 기준으로 하기 때문이다. 하나님의 시간은 성공의 자전축과는 무관하게 그 자체로 고유하고 유의미한 시간, 즉 '카이로스'(kairos)이다. 특히 우리 성도들은 이 '시간'을 누릴 특권과 의무가 있다. 모두가 성공의 자전축을 향해 달려갈 때 용기를 내어 거슬러 갈 줄도 알아야 한다. 그것은 퇴보가 아니라 하나님의 시간에 우리 인생을 맡기는 용기 있는 믿음이다.

이번 몽골 방문도 하나님의 '카이로스' 속에 있다고 나는 믿는다. 아무도 시키지 않은 이 사역을 벌써 햇수로 6년째 하고 있다. 그것도 나의 시간과 물질을 써 가면서 말이다. (게다가 선교비를 매번 모금해서 들고 온다.) 사역자의 인생 시간으로 본다면 뒤처지는 것 같지만, 하나님의 시간에서 오히려 안식과 여유를 누리고 있다. 이번 7박 8일 동안 "의의 태양"이신 그분 안에서 복된 카이로스를 경험해야겠다.

'엄마'가 차려주는 밥 (2022.9.30. 금 18:30)

저녁에 선교사님과 또 다른 강사 한 분과 함께 한국식 식당(Korean Restaurant)에 갔다. 식당 간판이 omma라고 되어 있길래 뭔가 싶었는데 우리말로 '엄마'였다. 그러니까 여기 오  는 손님들은 '엄마'가 차려주는 밥을 먹는 셈이다.

몽골에서 먹는 한국 음식은 현지화가 되어 있어 한국에서의 맛을 기대하면 안 된다. 지금까지 직접 경험해 본 솔직한 소감이다. 이번에는 3호점까지 오픈한 '엄마'가 해 주는 메뉴라서 살짝 기대를 했는데 역시나 실망시키지 않았다.

점심때도 그랬지만 몽골에서는 모든 메뉴에 고기가 들어간다. 메뉴판을 아무리 뒤져봐도 온통 고기이다. 한국인 말고 몽골인 입맛에 맞춘 특유한 맛과 향이 물씬 느껴진다. 느끼한 맛과 쾌쾌한 냄새의 절묘한 조합이 현지인의 마음을 사로잡는다. 함께한 강사 목사님은 벌써 신라면을 찾으신다.

그래도 시킨 메뉴의 '비주얼'만큼은 좋았다. 고기들 사이에 감자튀김이 왜 끼어 있는지 모르겠지만 몽골 사람들에게는 최고의 조합으로 보인다. 요즘 다이어트 중이라 밥과 고기를 많이 남겼는데 내일부터는 다 먹도록 노력해야겠다.

현지인들이 모시는 돌무더기 (2022.10.1. 토 11:30)

아침에 숙소에서 2시간 정도 걸려 테를지 국립공원에 도착했다. 몽골 방문 때마다 항상 찾는 곳이다. 이번에는 진입로 첫 고개에 쌓여 있는 돌무더기가 눈에 들어왔다. 돌무더기 꼭대기에는 형형색색의 천들이 바람에 펄럭이고 있었다.

호기심이 발동되어 선교사님께 물어보니 현지어로 '어워'(Ovoo)라고 불린다고 한다. 마을을 지키는 수호신이 이곳에 산다고 몽골인들이 믿는다고 한다. 그래서 지나갈 때마다 어워(돌무더기) 주변을 세 번 돌면서 자신의 소원과 안녕을 위해 기도한다. 자동차로 지나갈 때는 경적을 세 번 울린다고 한다.

아무리 봐도 내 눈에는 그냥 돌무더기였지만 몽골인들의 토속신앙이라고 하니까 일단 있는 그대로 봐주기로 했다. 마침 일군(一群)의 사람들이 몰려와 '어워'를 돌며 기도를 마친 것 같았다. 그러고는 앞으로 자기 소원이 이루어질 것 같은 기대감의 표정을 지었다. 돌무더기에 깃들어 있는 정령(精靈)이 정말 자기들을 보호해 준다고 믿는 걸까?

어워는 곳곳에 고개마다 쌓여 있었다. 고개를 넘어갈 때마다 그들은 이곳을 향해 '예배'하며 기도를 올린다. 그래야 자신들에게 불운이 닥치지 않고 복이 임한다는 것이다. 서로 수다를 떨다가도 어워에 도착하면 아주 경건한 마음으로 어워님께 기도를 올린다.

그렇다면 우리는 어떠한가? 온 우주를 지으신 하나님이 모든 곳에서 우리를 보호하시고 우리와 함께하고 계신다. 과연 우리는 그 하나님이 진짜로 우리 마음의 소원을 들어주신다고 확신하는가? 인생의 고개를 넘어설 때마다 여전히 우리를 지켜 보호하시는 하나님께 경건한 마음으로 예배하며 기도하고 있는가? 그들의 토속신앙이 일으키는 삶의 변화보다 우리가 믿는 복음이 일으키는 인생의 변화가 훨씬 더 위대하다고 자부할 수 있는가?

톨강에서 잠시 묵상 (2022.10.1. 토 11:45)

날씨가 건조한 몽골에서는 강이 정말 소중하다. 현지인들은 특히 톨강(Tuul Gol River)을 신성하게 여긴다고 한다. 몽골의 헨티 산맥에서 발원해 총 길이가 819km에 달하며, 보통 10월 하순부터 5월 초순까지는 얼어붙어 있다. 다행히 아직 10월 초라서 물이 흐르고 있었다.

현지인들이 '생명의 강'이라고 여기지만 사실 6-7개월은 꽁꽁 얼어 있는 상태이다. 2년 전 1월에 테를지에 왔을 때 얼마나 추웠는지 얼어붙은 톨강이 생생하게 기억난다. 생명의 흔적이라고는 전혀 찾아볼 수 없었다.

"그럼에도 톨강은 때가 되면 다시 흐른다!"

하나님의 은혜도 이와 같지 않을까? 코로나 시국이라는 얼어붙은 강을 아직도 우리는 목도하고 있다. 몽골이든 한국이든 교회의 영적 생명력이라고는 찾아보기가 정말 힘들다. 특히 몽골의 교회들이 더더욱 열악한 상태에 처했다. 현지 선교사님의 증언이기도 하다.

"그럼에도 '생수의 강'은 반드시 다시 흐른다!"

그냥 흐르는 수준을 넘어 그동안 얼어붙었던 참된 교회들을 역동적으로 소생시킬 것이다. 극심한 영적 결빙과 메마름은 위로부터 임하는 부흥의 전조 현상일지도 모른다. 지상의 참된 교회들을 오직 당신의 능력으로만 부흥시킬 수 있는 최적의 환경이기 때문이다.

테를지와 울란바토르를 관통하는 톨강의 물처럼, 이제 하나님의 '생수의 강'이 몽골 땅 전역을 적시어 참된 교회들이 영광스럽게 소생되기를 기도하며 꿈꾸어 본다.

몽골교회 연애신학 세미나 (2022.10.2. 주일 13:40)

몽골 성도들과 함께 주일예배를 드리고 풍성한(?) 식탁교제를 나누었다. 나라와 언어는 달라도 같은 신앙고백으로 동일한 하나님을 예배하는 기쁨은 직접 경험해 봐야 알 수 있다. 이방인으로서 현지인 음식을 맛보는 즐거움도 꽤 크다.

충분한 교제를 나누고 나서 드디어 '대망의' 연애신학 세미나를 시작했다. 특히 부제가 "그리스도인의 이성교제와 부모의 역할"이기 때문에, 부모의 역할 부분을 좀 더 집중적으로 언급했다.

몽골인들은 성문화가 아주 개방적이라고 한다. 한 공간으로 이루어진 게르 안에 온 가족이 생활하다 보니, 부모의 잠자리 장면을 자녀들이 자주 목격한다. 그래서 어린아이들이 성(性)에 일찍부터 눈을 뜬다. 학생들도 연애 중에 아주 자연스럽게 성관계를 가지며, 그것을 죄라고 부모들이 지도하지 않기에 전혀 죄의식이 없다고 한다.

이러한 성문화를 정면으로 거스르는 강의를 젊은 목사가 시작한 것이다. 하나님이 선물로 주신 성은 부부라는 언약관계 안에서만 모든 걸 누릴 수 있으며, 하나님을 사랑하는 성도들은 세상과 구별되는 방식으로 연애를 하고 결혼을 해야 함을 역설했다. 또한 사랑은 의지만도 아니고 감정만도 아니기에 이 둘의 관계를 정확하게 이해해야 한다고 강조했다.

강의 현장에는 초등학생부터 성인 부모까지 모두 앉아 있었다. 어린아이들이 피곤한 오후에 2시간 반 동안 어려운 강의를 듣고 있다는 게 정말 신기했다. 평소에 이 교회 성도들이 연령대를 초월하여 신앙교육을 잘 받고 있다는 확신이 들었다.

강의가 어설퍼도 통역이 탁월해서인지 생각보다 잘 집중하고 있었다. 교회의 거룩성이 청년들의 연애관과 직결되어 있음을 마지막으로 강조했다. 그래서 몽골 땅에 연애관의 회심을 일으키는 주역이 되어 달라고 간절히 당부했다. 조만간 『연애 신학』 몽골어 번역을 시작한다는데, 책이 출간되면 찬찬히 읽어보라고 권면했다.

카페에 들이닥친 불청객 (2022.10.2. 주일 19:20)

현지 교회 주일 일정을 마치고 숙소로 돌아왔다. 근데 뭔가 아쉬운 마음이 들어 다른 강사 목사님과 함께 숙소 바로 밑에 있는 카페에 갔다.

그런데 문제가 생겼다. 당연히 카페 정도면 몽골인이라도 해도 영어가 통할 줄 알았는데 카페 여주인은 영어가 전혀 불가능했다. 우리는 커피 주문도 못하고 선교사님이 오시기만을 기다렸다. 마침내 선교사님이 오셔서 우리를 위해 커피를 주문해 주시고, 비록 저녁 시간이지만 사모님을 뒤로하고 우리를 위해 합석해 주셨다.

갑자기 또 다른 문제가 생겼다. 웬 건장한 남성들이 들어와서 카페 분위기를 휘젓고 있었다. 우리 옆 테이블에 러시아 친구들이 있었는데 거기에 그냥 들러붙어 횡설수설하기  시작했다. 그러다가 묘하게 기분 나쁜 얼굴로 고개를 돌려 나를 쳐다보고 있었다. 어떻게 해야 할지 몰라 그냥 웃는 표정으로 대꾸해 주었다.

그런데 이번에는 그중 한 명이 여주인에게 추근대기 시작했다. 우리가 뭔가 행동을 해야 하나 싶었는데 선교사님은 생각보다 태연하게 반응했다. 몽골 사회는 여성들이 해코지를 당하면 가해자를 무섭게 처벌하기 때문에 웬만해서는 남성들이 함부로 하지 않는다고 한다.

상황을 지켜보니까 정말 선교사님 말이 맞는 것 같았다. 여주인이 뭔가 단호하게 말하니까 불청객들이 슬슬 꼬리를 내리기 시작했다. 제일 뚱뚱한 남자는 벌써 나가버렸고 나머지 두 놈도 은근히 시간을 끌다가, 여주인의 계속되는 경고에 카페 문을 슬그머니 나섰다.

몽골에 자주 오지만 이런 불청객들을 면전에서 지켜본 건 이번이 처음이다. 나가면서 나를 빤히 쳐다보며 "I'm sorry"라고 말은 하는데, 표정을 보니까 그 말을 별로 믿고 싶지 않았다. 한 주 동안 카페를 지나갈 때마다 그 놈들이 안 오도록 기도(?)해야겠다.

드디어 첫 강의 시작 (2022.10.3. 월 10:30)

2년 9개월 만에 신학교를 방문했다. 그간 코로나 여파를 반영한 듯 곳곳에 고드름이 얼어 있었다. 그럼에도 은혜의 온기가 신학교의 일상을 녹이고 있었다.

이번 한 주 동안 맡은 과목은 〈웨스트민스터 대교리문답〉이다. 신학석사(Th.M.) 과정이라서 소수정예로 진행한다. 이미 소교리문답과 각종 개혁주의 문서를 공부한 청중이기 때문에 깊이 있는 수업이 가능하다.

대교리문답의 배경과 구조를 간단히 살펴본 후에 제1문답부터 본격적으로 강의했다.

1문. 사람의 제일 되고 가장 높은 목적이 무엇입니까?
답. 사람의 제일 되고 가장 높은 목적은 하나님을 영화롭게 하고, 영원토록 그분을 온전히 즐거워하는 것입니다.

Q. 1. What is the chief and highest end of man?
A. Man's chief and highest end is to glorify God, and fully to enjoy him for ever.

사람의 '목적'(end)이 단수이기 때문에 하나님을 영화롭게 하는 것과 즐거워하는 것이 하나의 개념을 이룬다고 강조했다. 영어 원문의 구조상 하나님을 영화롭게 하고, 또 그 일  을 통해 하나님을 즐거워하는 것임을 역설했다. 또한 하나님을 온전히 즐거워하는 것 자체가 하나님을 영화롭게 하고 하나님께 영광을 돌리는 것이라고 말했다.

비염약을 먹어 정신이 몽롱했지만 주께서 주시는 힘으로 혼신의 힘을 다했다. 딱딱한 교리 강의가 청중의 심령을 뜨겁게 달구는 은혜가 되게 해 달라고 간절히 기도했다. 내일부터 계속되는 강의 중에도 큰 은혜가 임하길.

몽골 신학생들의 기도실 (2022.10.3. 월 13:40)

선교사님들과 함께 점심을 먹고 다시 학교로 왔다. 그런데 창고 같
은 방이 눈에 들어왔다. 선교사님은 그곳이 신학생들의 기도실이라고
소개하셨다. 평소에는 늘 열려 있는데 오늘은 무슨 일인지 문이 잠겨
있다고 하셨다.

고드름이 주렁주렁 달린 양철 지붕으로 덮힌 기도실의 모습이 참 묘
하다. 낡은 기도실 입구가 보는 이의 마음을 참 숙연하게 만든다. 이
곳에서 기도하면 과연 어떤 마음이 들까? 영광의 왕 예수께서 누추한
곳에 오신 그 마음을 조금이라도 느낄 수 있을까?

아래로 늘어진 고드름이 마
치 끊이지 않는 기도의 눈물처
럼 보인다. 몽골 땅에 하나님
나라가 오게 해 달라는 현지
성도들의 '소리 없는 아우성'처
럼 느껴진다. 그래서 보는 이

로 하여금 어서 들어와 기도에 동참해 달라는 요청으로 들린다.

척박한 몽골 땅에 하나님 나라의 복음이 이곳 신학생들을 통해 능력
있게 증거되기를 기도한다. 얼어붙은 땅이 사람의 눈에는 소망이 없
어 보여도 하나님의 능력으로 뜨거운 은혜가 부어지기를 간절히 소망

한다. 그 나라가 오기까지 현지 교인들의 기도가 끊이지 않도록 나도 기도로 동참하련다.

몽골 땅을 품는 밤 (2022.10.4. 화 00:40)

자정을 훌쩍 넘긴 시간에 숙소는 기도실이 되었다. 몽골 땅을 향한 주님의 마음이 느껴지기 시작한다.

사랑하셔서 오시었네
말씀하신 대로 본이 되신 예수
얼마나 아프실까
갈보리 언덕 그 십자가

피 흘림 없인 이룰 수 없네
고난 받을 이유 없으신 주
순종하셨네
그 십자가 지셨네
우릴 위해
……

("사랑하셔서 오시었네" - 마커스 5집)

몽골 땅을 사랑하셔서 이곳에 찾아오신 주님의 일하심을 믿는다. 코로나를 거치며 몽골의 교회들이 초토화된 상황이지만, 그럼에도 신실하게 일하시는 하나님을 여전히 믿는다.

> 몽골에 있는 하나님의 백성을 깨워 주소서!
> 주의 몸 된 교회들이 바른 신앙고백 위에 부흥케 하소서!
> 악한 영들을 당신의 능력으로 제압해 주시고,
> 하나님의 말씀이 권능 있게 전해지게 하소서!
> 이곳의 모든 사역자들이 하나님 나라를 꿈꾸게 하시고,
> 그 어떤 상황에서도 천국 소망을 잃지 않게 하소서!
> 성령의 도우심을 힘입어 예수님의 이름으로 기도합니다. 아멘.

매일 아침에 시험치기 (2022.10.4. 화 09:00)

학생들을 괴롭게 하는 선생 노릇을 하고 있다. 아침마다 시험을 치는데 전날 배운 내용을 모조리 다 쓰게 한다. 다들 사역자(목사, 전도사)들이라서 충분히 가능하다고 판단했다. 시험지를 나눠주고 답안지를 쓰게 하고 슬그머니 지켜보니까 역시 예상대로 잘한다.

대교리문답의 배경과 가치, 구조 분석, 삼위일체 교리 등을 서술형으로 쓰게 했다. 놀랍게도 나이 드신 여전도사님이 제일 열심히 답안지를 채우셨다. 수업 때마다 정말 열심히 필기하며 공부하신다. 알고보니 러시아 유학파 출신이라고 한다.

그리고 옆에서 통역하는 분은 두 배로 수고하는 중이다. 통역하면서

동시에 수업에도 집중해야 한다. 시험도 매번 같이 치르는데 사실 좀 미안한 마음이 든다. 그럼에도 열심히 수고해 주시는 그 열정에 찬사를 보낸다.

성적 때문에 대교리문답 공부가 싫어지지 않도록 학생들에게 최선을 다해야겠다. 완전 성의 없는 답안이 아니라면 모두에게 좋은 성적을 주련다. 내일 아침에도 최선을 다하는 학생들의 모습이 벌써부터 기대가 된다.

몽골에서 택시 타기 (2022.10.4. 화 17:05)

오늘 강의를 마치고 없던 일정이 생겼다. SFC 몽골지부 학사관을 방문하게 되었다. 신학교 강사로 섬기는 자매가 몽골 SFC 간사이기도 하다. 이 간사님은 나의 첫 강의(2017년 9월) 때 통역사로 섬겼다.

신학교 주변을 매번 차를 타고 움직이다가 오후에 걸어 나오니까 색다른 기분이 들었다. 그런데 도로를 보는 순간 정신이 멍해졌다. 몽골 교통 체증의 극치를 목격했기 때문이다. 차 안에서 내다볼 때는 몰랐는데, 걸어 다니면서 직접 보니까 아수라장이 따로 없었다.

몽골은 신기하게도 길에 다니는 모든 차들이 택시가 될 수 있다. 손을 들고 서 있다가 차량이 멈춰 서면 그 즉시 택시로 변한다. 목적지를

말해 주고 운전자가 타라고 하
면 타고 있다가 목적지에 도착
해서 요금을 내면 된다. 이게
불법 아니냐고 간사님한테 물
어보니까 몽골은 그게 합법이
라고 한다.

몽골 현지인이 운전하는 차를 타보니까 한국의 어느 택시와도 비교
할 수 없었다. 문자 그대로 몽골인들은 말을 몰 듯이 차를 운전한다.
조금이라도 틈이 보면 곧바로 액셀을 밟고 치고 들어간다. 기수들이
말을 몰 때 그렇게 하는 것처럼.

차 안에 있는 내내 간담이 서늘했다. 좁은 골목에서 차들이 엉겨 운
전자들이 소리를 지르는가 하면, 순간 가속 운전으로 사고 날 뻔한 순
간들이 여러 번 있었다. 학사관이 가까운 거리인데도 1시간이 넘게 걸
려 목적지에 도착했다. 살아서 내렸다는 사실이 정말 감사했다.

즉석 간증집회 (2022.10.4. 화 18:40)

설마(Soyoloo) 간사님과 함께 드디어 SFC 몽골지부 학사관에 도착했
다. 나도 SFC 간사 출신이어서 그런지 처음 방문한 곳인데도 뭔가 친
숙한 느낌이 들었다. 대학교가 밀집되어 있는 지역에 이런 공동체가
있다는 것이 참 감사했다.

오늘은 내가 SFC 동문 선배로서 저녁식사를 대접하기로 했다. 다들

피자와 치킨을 먹고 싶다고 해서 최대한 풍성하게 시키라고 했다. 올 수 있는 운동원들을 다 부르라고 말했다. 10명 남짓한 청년들이 한자리에 모였다.

몽골의 SFC 후배들이 피자와 치킨을 먹는 모습이 참 정겹고 좋다. 이럴 줄 알았으면 좀 더 다양한 메뉴를 시킬 걸 그랬나. 어떤 친구는 자기가 직접 만든 음식을 들고 와서  맛보라고 한다. '조이왕'이라고 하는 볶음면인데 생각보다 맛이 괜찮았다.

저녁 만찬 후에 분위기가 조용해지더니 나한테 이목이 집중되었다. 어떻게 해서 SFC 간사를 하게 되었는지 궁금하다며 스토리를 들려달라고 했다. 내 소개를 할 겸 이야기보따리를 풀기 시작했다.

그런데 분위기가 점점 간증집회로 변해갔다. 어릴 적 성장 과정과 평소 일상이 워낙 특이하다 보니, 한 인생을 변화시킨 복음의 능력을 소개하는 시간이 되었다. 그냥 가벼운 만찬모임을 가지려다가 복음간증과 통성기도까지 하는 '집회'가 되어 버렸다.

우리는 서로 국적은 달라도 하늘의 시민권은 동일했다. 2005년부터 공식적으로 몽골지부가 생겼다는데, 앞으로도 더욱 "국가와 학원의 복음화"에 힘써 주기를 당부한다. 대표 간사님과 설마 간사님의 선한 영향력이 몽골의 대학 캠퍼스마다 흘러넘치기를 기도한다.

피자 대접하기 (2022.10.5. 수 12:20)

몽골 사람들은 피자를 정말 좋아한다. 어제 저녁에도 몽골 SFC 청년들과 피자를 먹었다. 여기 신학생들도 마찬가지이다. 2년 전 겨울에 왔을 때도 전 직원과 학생들을 데리고 피자헛에 갔었다. 겨울에 비해 요즘은 차가 많이 밀려 나가지는 못하고 피자를 그냥 주문(?)했다. 사실 주문해도 배달이 안 되는 지역이기 때문에 신학교 직원이 직접 가지러 가야 했다.

젊은 목사가 선교지에 갈 때마다 많은 분들이 선교비를 후원해 주신다. 이번에도 어떤 분이 몽골 신학생들에게 피자를 꼭 대접하라며 큰 금액을 보내주셨다. 그래서 나는 그저 전달자 역할을 할 뿐이다.

도착한 피자 더미를 보니 피자 외에도 치킨, 감자튀김, 치킨너겟 등이 있었다. 몽골은 피자에 뿌려먹는 치즈가루나 소스를 안 주나 보다. 그냥 피자집에서 깜빡한 거라고 믿고 싶다.

학장 선교사님의 감사기도가 끝나자마자 모두들 피자를 맛있게 먹었다. 한자리에 모여 식탁을 나누는 것이 참 의미가 있는 것 같다. 맛있게 먹으며 행복해하는 표정, 서로 나누는 풍성한 대화, 음료를 건네며 정을 나누는 모습이 마치 하늘의 만찬상 같다.

내일 점심에는 우리 클래스만 따로 마지막 식사를 하기로 했다. 몽골 음식을 먹고 싶다고 말했는데 어디로 데려가 줄지 벌써부터 기대가 된다.

하나님 나라와 대교리문답 (2022.10.5. 수 15:45)

기어코 하나님 나라 이야기를 꺼내고 말았다. 평소에 하나님 나라를 기초로 모든 설교와 강의를 하다 보니 아무리 참으려고 해도 불쑥 튀어나온다. 대교리문답 강의에도 사실상 하나님 나라 개념이 꼭 필요하다.

물론 '하나님 나라'(The kingdom of God)라는 표현은 대교리문답 전체에 4회만 언급된다(53문, 191문-2회, 196문). 그러나 모든 문답의 내용은 하나님 나라(천국)의 주인이신 하나님이 어떤 분이신지, 그분이 행하신 일들이 무엇인지, 하나님 나라의 백성이 어떻게 살아야 하는지를 말하고 있는데, 이 모든 것들은 하나님 나라의 거대 담론에 속한다. 따라서 웨스트민스터 대교리문답은 하나님 나라의 맥락에서 총체적으로 이해되어야 한다.

오후 강의 때 학생들 사이에 열띤 논쟁이 벌어지기도 했다. 청중이 모두 신학을 공부한 사역자(목사, 전도사)이다 보니, 이미 머릿속에는 하나님 나라 개념과 교리 개념들이 나름대로

형성되어 있다. 열띤 토론과 질문은 강사가 가르치는 내용에 자신들의 기존 지식이 교정되는 과정일 게다.

특히 구원의 서정(순서)을 하나님 나라의 구조 속에서 이해해야 개인적 차원의 구원관을 극복할 수 있다고 강조했다. 예수님은 중생(거듭남)이나 회심 개념을 하나님 나라와 연결시키고 계심을 역설했다(요 3:5; 막 1:15).

학생들의 표정을 보니 무엇을 깨달은 듯 사뭇 진지해졌다. 대교리문답을 공부의 대상으로만 삼지 말고 하나님 나라의 일상으로 접근하여, 우리 인생을 움직이는 생생한 언어로 가르쳐 보라고 당부했다. 늦은 오후의 태양 빛이 너무 강렬해서 힘들었지만 하나님 나라를 말하려는 나의 열정을 막을 순 없었다.

울란바토르 밤거리 (2022.10.5. 수 19:20)

학장 선교사님과 저녁식사를 마치고 우리는 숙소까지 걸어가기로 했다. 함께한 강사 목사님과 나는 울란바토르 밤거리를 걷기 시작했다. 마스크를 쓰자니 안경에 서리가 생겨 앞이 안 보이고, 마스크를 벗자니 밤공기 매연 때문에 아주 죽을 지경이었다.

30분 이상을 걸으며 몽골 수도의 밤거리를 있는 그대로 목격했다. 도로에는 차량이 너무 많아 한쪽 방향은 그냥 주차장처럼 변했다. 교통체증이 심할 때는 밤 10시까지 계속 밀린다고 한다. 버스정류장에는 사람들이 인산인해(人山人海)를 이루었고, 버스 안에는 승객들이 콩

나물시루처럼 빽빽하게 들어서 있다.

몽골인들은 말을 타듯이 운전하기 때문에 사고도 자주 나는 것 같다. 사고 차량이 금세 눈앞에 보였는데, 행인들이 지나가다 말고 그곳을 응시한다. 또 취객인지는 몰라도 도로를 건너다가 한복판에 버젓이 서 있는 모습도 보인다.

걷다 보니 반가운 글자들도 보였다. 한국 편의점 CU가 자주 보였는데 울란바토르 내에만 200개가 넘는다고 한다. 또 "남양주 거리"가 새겨진 비석 기둥을 발견했는데, 몽골과 우

호관계를 맺어온 경기도 남양주시가 2007년 3월에 8억 원을 들여 거리를 만들었다고 한다.

숙소에 가까워지니까 마음이 푸근해지기 시작했다. 매연 냄새 때문에 힘들었지만 울란바토르 밤거리를 제대로 경험한 듯해서 기분은 좋았다. 자주 와서 그런지 몽골의 수도가 이제는 익숙하게 느껴진다. 내년 여름에는 가족들을 데리고 휴가로 오고 싶다.

잠시 영어로 강의 (2022.10.6. 목 10:50)

오전에 1교시 시험을 마치고 쉬다가 2교시를 시작해야 하는데 통역사가 아직 들어오지 않았다. 어떻게 할까 망설이는 중에 갑자기 어떤

학생(목사)이 영어로 말을 걸었다.

"Sir, we have no time to lose. Would you teach us in English? I'll translate."

(선생님, 허비할 시간이 없어요. 영어로 수업하면 안 될까요? 제가 통역할게요.)

"Wow, you speak English. Okay. I'll start in English if all of you want. As we studied yesterday..."

(와우, 영어를 하시네요. 좋아요. 모두가 원하면 영어로 수업 시작하겠습니다. 어제 우리가 공부한 대로…)

강의를 시작한 지 5분이 지나 마침내 통역사가 들어왔다. 약간은 멋쩍은 표정으로 다시 한국어로 강의하기 시작했다. 필기는 영어로, 강의는 한국어로, 통역은 몽골어로 진행했다. 현지인 통역사가 영어보다는 한국어에 매우 능숙하다.

잠시 쉬는 시간에 학생들이 웅성거려 통역사에게 무슨 말인지 물어봤다. 정말 뜻밖의 대답을 들었다. 오늘이 마지막 날인데 하나라도 더 배우려면 시간을 허비할 수 없다는 것이다. 강의가 좋아서 조금이라도 더 듣고 싶은 마음이라고 했다.

다들 현장에서 교인들을 가르치는 사역자라서 그런지, 어떻게 해서라도 더 배워서 잘 가르치고 싶어 했다. 한국 교회 사역자들에게도 이런 태도가 정말 필요해 보인다.

마지막 식사(?) (2022.10.6. 목 15:20)

점심시간에 우리 클래스만 밖으로 나가려는 계획이 실패했다. 다른 클래스의 분위기를 고려해서 참아달라는 교무처의 요청 때문이다. 학생들과 마지막 식사를 하려고 했었는데 아쉽지만 내년(?)으로 미루기로 했다.

점심시간이 지나 이제 마지막 수업을 시작했다. 시간이 정말 빨리 가는 것 같다. 몽골에 올 때마다 아쉬운 '마지막 수업'을 경험한다. 학생들에게 더 많이 전해주지 못해 늘 아쉬운 마음이 든다. 강사는 어설픈데 학생들이 참 잘 배운다는 생각이 든다.

오후에 너무 졸려 잠시 쉬는데 갑자기 눈앞에 별미가 세팅되고 있었다. 강사를 위해 몽골 음식을 준비했다는 것이다. 점심 메뉴로 나온 게 아니라고 해서 물어보니, 직접 재료를 사 와서 학교 식당에 부탁해서 특별히 만든 것이라고 한다.

어제 몽골 음식을 먹고 싶다고 한 말을 이렇게 기억해 주다니 참 감사하다. 뭔가 모를 감동이 밀려왔다. 사실 점심을 많이 먹어 배가 불렀는데, 학생들의 정성을 생각해서 맛있게 먹었다. 물론 많이 먹지는 못했다.

어느덧 모든 강의를 마쳤다. 학생들의 표정이 진지해졌다. 강사도 학생들도 정말 좋은 시간이었다. 어려운 내용을 쉽게 가르친다며 다들 정말 감사하다고 했다. 다음에 만날 때까지 부디 영육 간에 강건하시길.

다시 테를지로 (2022.10.6. 목 16:50)

마지막 수업을 조금 일찍 마쳤다. 함께 온 강사 목사님을 위해 테를지 국립공원에 다시 방문했다. 그런데 한 주 전에 왔을 때랑 완전히 달라졌다. 그때는 황금빛 늦가을 단풍이 군데군데 보였는데, 오늘은 거의 사라지고 그 자리에 흰 눈으로 덮여 있었다.

테를지는 방문객들에게 장엄함과 웅장함과 아름다움을 동시에 선사한다. 심지어 보는 이의 마음 상태에 따라 각양각색으로 느끼게 한다. 하나님을 경외하는 자는 하나님의 높고 위대하심을 느끼게 하고, 마음이 우울한 자는 테를지의 황량함을

보고 우울하게 느낀다. 아이들은 낙타와 양과 말들이 뛰어나는 걸 보고 마냥 즐거워한다.

지난주와는 달리 오늘 테를지는 나에게 특별한 영감을 주었다. 몽골 땅을 향한 하나님의 마음을 물씬 느끼게 한다. 십자가의 복음이 곳곳에 전해져 황금빛 희망이 보이지만, 여전히 몽골 땅에 차가운 눈으로 덮힌 영적 상태를 묵상할 수 있었다.

좌충우돌 선교지 방문기

이러한 주님의 심정으로 이곳에서 순전하게 사역하시는 선교사님들이 있다. 그분들의 노고에 조금이라도 보탬이 되라고 주께서 매년 나를 몽골에 보내신다. 몽골 땅에 바른 교회를 세우려는 사역자들에게 바른 신학과 교리를 전수하는 일에 최선을 다해야겠다.

내년을 기약하며 (2022.10.7. 금 17:30 한국시간)

7박 8일의 일정이 마치 꿈에서 깨어난 듯 금방 지나갔다. 김해공항에 도착해 입국 절차를 밟으면서 현실로 돌아옴을 느꼈다. 이번에는 함께 동행한 목사님 덕분에 귀국길이 쓸쓸하지 않았다. 목사님의 인생 스토리를 들으며 선배의 겸손함을 많이 배우게 되었다.

몽골은 참 묘한 매력이 있다. 다녀올 때마다 곧장 그곳의 그리움을 느끼게 한다. 마치 주님이 그곳에서 영혼들을 사랑하고 계신다며 그리움의 음성을 들려주시는 것 같다. 몽골 현지 성도들의 순수함 때문인지 벌써부터 다시 가야겠다는 마음이 솟구친다.

정말이지 하나님 나라는 몽골 땅에서 여전히 계속됨을 느낀다. 그리스도의 몸 된 교회가 그곳에서 계속 세워지고 있음을 믿는다. 여전히 순전하게 사역하는 선교사님과 현지 성도들 때문에 주께서 당신의 나라를 계속 건설하고 계심을 믿는다.

내년에는 또 어떤 모습으로 바뀌어 있을지 참 기대가 된다. 비록 몸은 떠나 한국에 왔지만 기도와 물질로 틈틈이 동역해야겠다. 이 일을 위해 피에타스 선교지원 연구소가 있는 게 아니겠는가. 선교지를 향한 열정이 모든 성도에게 부어져서 하나님 나라를 오게 하는 일에 모두가 협력하면 좋겠다. 그것이 기도이든, 물질이든, 직접 방문이든 각자 형편에 맞게.

· 여덟 번째 ·

제1기 단기팀과
함께한 보홀
(2023)

2023년 1월 14일부터 21일까지 제1기 단기선교팀과 함께 필리핀 보홀을 섬기면서 기록한 내용이다. 아이들과 청년들 및 중년을 아우르는 세대통합 선교를 처음으로 시도했다. 한국의 추운 계절에 필리핀의 더운 날씨를 경험하는 색다른 기회가 되었다.

피에타스 제1기 단기선교 (2023.1.14. 토 20:05)

여러 지역에서 모인 11명의 팀원들. 아이들부터 성인에 이르기까지 '세대 통합 단기선교팀'이 결성되었다. 선교지원 사역을 시작한 후로 처음 시도해 보는 사역이다.

출국 전까지 살인적인 스케  줄로 몸이 지칠 법도 한데 생 각보다 멀쩡하다. 아마 팀원들 과 7박 8일을 함께한다는 설레 임 때문일 게다. 아니면 목표 가 생겼을 때 그 일이 끝나기 까지 극도의 정신력으로 체력을 통제하기 때문일까.

아이들은 마냥 신났다. 미혼 청년들도 '하이 텐션'이다. 기혼자들도 물론이다. 다들 일상에서 벗어나 새로운 곳을 향한 기대감으로 부풀 어 있다. 선교와 힐링이 한데 어우러져, 지친 영혼에 생명력을 불어넣 는 기회가 되리라.

무엇보다 아이들의 심령 속에 선교의 열정이 심겨지면 좋겠다. 부모 들이 자기 돈을 써 가며 아이들을 선교지에 데리고 가려는 이유를 조 금이라도 깨달으려나. 필리핀 보홀을 향한 주님의 마음을 품고 이제 비행기에 몸을 맡긴다.

밤 비행기 안에서 떠오른 묵상 (2023.1.14. 토 22:00)

오늘따라 비행기 안이 다르게 느껴진다. 캄캄한 밤이기도 하고 밖을 쳐다보지 않아서 그런지 비행기가 약간의 미동만 하고 가만히 있는 것 같다. 사실은 엄청난 속도로 하늘을 날고 있는데도 말이다.

이처럼 우리의 인식 능력은 제한적이다. 자기가 처한 환경에서 그 안을 바라보며 그곳에 있는 자신의 상태를 불완전하게 인식할 뿐이다. 밖을 쳐다보지 않는 이상 현재 자기가 인식하는 상태를 전부라고 생각해 버린다.

그래서 밖을 한 번씩 쳐다봐야 하나 보다. 자기가 어떤 상태인지, 움직이고 있는지 가만히 있는지 정확히 인지하려면 종종 창밖으로 눈을 돌려야 한다. 그 순간 깜짝 놀랄지도 모른다. 얼마나 빠른 속도로 일상을 달리고 있었는지 스스로가 낯설게 느껴질 정도로.

글을 쓰다 보니 내 상태를 나도 모르게 묘사하고 있다. 목표가 서면 앞만 보고 돌진하는 기질 때문인지, 내가 어떤 상태에 있는지 간혹 잊어버리는 것 같다. 엄청난 속도로 일상을 달리는데도 밖을 쳐다보지 않아 약간의 '미동'만 느끼고 별로 하는 게 없는 것처럼 생각한다.

이번 필리핀 방문을 통해 나 자신을 좀 더 정비해야겠다. '창밖'에서 나를 바라보는 눈을 키우며 나의 상태를 정확하게 인지하는 연습을 해야겠다. 지인들의 조언대로 이제는 내 몸을 좀 생각하며 열정을 너무 앞세우지 말아야겠다.

현지인들과 함께하는 주일예배 (2023.1.15. 주일 10:00 현지시간)

오전 9시 20분. 숙소에서 1시간이 더 걸려 칼멘이라는 동네에 도착했다. 지난주에 보수를 막 끝낸 현지인 교회에서 주일 공예배를 함께 드렸다.

수십 명의 필리핀 성도들이 모두 일어서서 예배 시작 전에 뜨겁게 찬양하고 있었다. 아이들부터 노인에 이르기까지 흥에 겨워 하나님을 노래하는 모습들이 참 인상적이다.

심지어 동네의 개들도 예배당에 들어와서 함께했다. 편히 누워 있는 개도 있고, 교인들 사이를 어슬렁거리며 함께 흥겨워 하는(?) 개도 있었다. 아마 한국 같았으면 난리가 났을 것인데, 논두렁 위에 세워진 선교지 교회라서 아무렇지도 않아 보였다.

어떤 교인은 개들이 오늘 은혜를 받는 것 같다고 하는데, 처음에는 좀 이상하게 들렸지만 곰곰이 생각해 보니, 개들도 하나님의 창조물로서 그들의 언어로 하나님을 찬양할 수 있겠다는 생각도 들었다. 장차 이 땅에 완성될 하나님 나라(천국)에  서는 인간을 포함하여 분명히 모든 만물이 함께 하나님의 영광을 드러낼 것이다.

우리 단기팀의 아이들이 태권도 시범을 보일 때 온 성도들이 열광적으로 반응했다. 4명의 태권 소년들이 찬양곡에 맞춰 절도 있는 동작을 선보이며, 송판을 깨뜨리는 장면이 현지인들에게 인상적으로 보였던 것 같다.

더욱이 Amazing Grace를 현지어(비사야어)로 부를 때 많은 성도들이 '아멘'으로 화답했다. 손 사모(아내)는 왜 그렇게 울먹거리는지 옆에서 지켜보는 권 목사도 덩달아 울컥할 뻔했다.

설교는 영어로 하고 현지어로 통역했다. 설교자가 어설퍼도 통역이 탁월해서 온 성도가 큰 은혜를 받았다. 중간 중간에 '아멘'을 연발하며 박수를 치기도 했다. 설교 중에 성령께서 청중 가운데 임재하고 계심을 느꼈다. 하나님이 이 교회 성도들을 정말 사랑하고 계시는 것 같았다.

예배를 마치고 우리는 서로 인사를 나누며 복음의 교제를 나눴다. 단체 사진도 찍었다. 예배당 앞에서 우리 일행을 향해 손을 흔들며 끝까지 배웅하던 그들의 모습이 한동안 아른거릴 것 같다.

한인들과 함께하는 오후예배 (2023.1.15. 주일 16:00)

4년 만에 또다시 한인예배 설교를 하게 되었다. 신학교 주변의 한인 성도들이 함께 모여 한국어로 예배를 드린다. 이번 주 유일하게 한국어로 하는 설교라서 나도 정말 마음이 편해졌다.

한국에서도 그렇지만 선교지에 올 때마다 하나님 나라를 반드시 설교한다. 선교지에서는 하나님 나라의 복음이 피부에 정말 와 닿는다. 하나님의 통치가 현지인의 일상에 침투되어 그들과 함께 교회를 이루어 가야 하기 때문이다.

이곳 보홀 땅에도 하나님 나라가 계속 확장되기를 설교하는 내내 소망했다. 현지인들과 함께 10년, 20년 이상 생활하며, 어떻게 해서든 그들을 하나님의 백성으로 만들어 보겠다는 선교사님들의 열정이 중단되지 않기를 열망했다. 이미 임한 하나님 나라를 살아내면서 장차 완성될 하나님 나라를 갈망하는 마음이 절대 꺾이지 말아야 한다.

졸리는 오후 시간인데도 생각보다 다들 진지하게 듣고 계셨다. 다행히 우리 아이들도 인내하며 설교를 들었다. 선교지에서 나누는 천국(하나님 나라) 복음이라서 더욱 의미가 깊은 것 같다. 주께서 이곳 한인 성도들에게 날마다 큰 은혜를 베풀어 주시기를.

찬양과 기도로 시작하는 세미나 (2023.1.16. 월 09:00)

드디어 첫 세미나 강의를 시작했다. 코로나 때 온라인으로 학기 수업을 해서 그런지 오랜만에 봐도 전혀 낯설지가 않았다. 다들 강사와 현장에서 대면하는 설레임(?)으로 가득 찬 표정이다.

평소에 선교사님이 신학생들을 잘 훈련시키고 있다는 느낌을 받았다. 강의 시작 전에 뜨거운 찬양과 기도를 하나님께 올려드렸다. 찬양이 시작되는 순간부터 그들의 표정이 진지해지고 기도를 시작할 때도 그들의 표정에서 간절함이 묻어났다.

날씨가 정말 습하고 더웠지만 정신을 가다듬고 강의에 집중했다. 그런데 전기가 나갔다가 들어왔다를 계속 반복하다가 아예 정전이 되어 버렸다. 에어컨을 틀 수도 없어 부채를 얻어 열심히 부채질하면서 강의를 진행했다.

열심히 준비한 강의 원고에 충실했지만, 중간 중간에 어릴 적 스토리를 들려주고 내가 어떻게 목사가 되었는지도 나누었다. 그래서인지 다들 뚫어지도록 집중하고 있었다.

첫 강의부터 신학생들과 사역자들의 반응이 나쁘지 않았다. 성령께서 이들의 마음속에 참된 설교자를 향한 열정을 불어넣어 주시기를 간절히 기도한다.

보홀 SFC 큰모임 (2023.1.16. 월 19:00)

하루 종일 강의하고 조금 쉬다가 저녁에 SFC 큰모임을 섬겼다. 주일 예배와는 달리 현지어 통역 없이 영어로 계속 설교하면 되었다. 그래서 부담이 훨씬 줄어들었다.

영어 설교가 이전보다 훨씬 자연스러워지고 있음을 느꼈다. 유창성 장애 때문에 일상 대화에는 영어로 버벅대는데(한국어도 마찬가지), 설교나 강의 중에는 성령의 역사 때문인지 희한하게도 유창한 영어가 나온다.

혼신의 힘을 다해 설교하다가 중간에 찬양곡을 같이 불렀다. "Jesus, We Enthrone You." 한국어 번역곡의 제목은 "예수 우리 왕이여"이다.

설교 중에 들려준 에피소드와 직결된 찬양곡이라서 다 같이 부르고 싶었다.

하나님의 존재는 우리의 약점을 극복함으로 입증되는 것이 아니라, 우리가 가진 약점에도, 또 우리가 아무리 어려운 상황에 처하더라도 여전히 변함없이 하나님을 갈망하는 데서 입증된다고 역설했다.

4년 전처럼 이번에도 설교 중에 '아멘' 소리가 종종 흘러나왔다. 필리핀 동역자들의 표정에서 은혜가 묻어남을 분명히 느낄 수 있었다. 우리 단기팀의 어떤 자매는 계속해서 훌쩍이고 있었다.

코로나 이전보다 모인 숫자는 적었지만 메시지를 듣는 청중의 반응은 훨씬 너 진지해졌다. 보홀 땅의 많은 영혼들이 SFC 큰모임을 통해 주께로 돌아오기를 간절히 기도한다.

바른 신학이 중요! (2023.1.17. 화 16:30)

오늘 세미나 마지막 시간에 질문을 받았다. 자기 주변에 다른 신학교 출신 사역자들이 있는데, 자꾸 이상한 교리로 교인들을 유혹한다는 것이다. 그들은 신앙생활에 기도가 필요 없다고 말하고, 하나님의 뜻대로 모든 것이 진행되니까 인간이 할 수 있는 게 아무것도 없다고 주장한다고 한다.

딱 봐도 하이퍼 칼빈주의자들이었다. 몇 년 전 부산에서 사역할 때 하이퍼 칼빈주의에 물든 전임자 때문에 온 교회가 애를 먹은 적이 있다. 그 현장을 온몸으로 겪었기 때문에 나는 정확하게 그 폐해를 말해 주었다.

기도는 우리의 공로적 행위가 아니라 은혜에 대한 감사의 반응이고 관계적인 개념이기 때문에, 기도하지 않으면 아직 하나님과의 관계가 올바로 설정되지 않았다는 뜻이다. 이미 세미나 중에 다룬 내용이지만, 아마 다시 점검 받으려는 차원에서 질문한 것 같았다.

오늘도 필리핀 신학생들 및 사역자들과 리더십 세미나를 잘 마쳤다. 강의 영어도 갈수록 자연스러워지는 것 같아 참 뿌듯하다. 오늘 한국에서 방영된 CTS 〈내가 매일 기쁘게〉에서도 내가 말했지만(녹화 방송), 유창성 장애가 있는 사역자를 통해 하나님은 선교적 열심을 펼쳐내고 계신다.

이따 저녁에 있을 기도회 설교 중에도 성령의 충만한 은혜가 부어져서, 보홀의 사역자들이 말씀의 능력을 경험할 수 있기를 간절히 기도한다. 부족한 자의 입술에 주께서 친히 '기름' 부어 주시기를.

기도회 중에 임하신 성령 (2023.1.17. 화 19:30)

다니엘 3장으로 보홀의 사역자들과 저녁집회 말씀을 나누었다. 다니엘의 세 친구들이 바벨론 왕의 위협에도 전혀 굴하지 않고 하나님을 섬기는 일에 목숨을 걸었다는 점을 역설했다. 전능하신 하나님이 그들을 능히 구해주실 수 있지만, 혹시 하나님의 다른 뜻이 있어 그냥 죽게 내버려 두신다 할지라도 왕의 위협에 굴복하지 않았다는 걸 강조했다.

신학생과 사역자들을 데리고 하는 저녁집회라서 그런지 분위기가 사뭇 달랐다. 오전과 오후 세미나 강의 때와도 분위기가 또 달랐다. 하나님의 말씀을  간절히 사모한다는 걸 설교하는 내내 확연히 느꼈다.

설교를 마치고 기도회를 시작하는데 기적(?)이 일어났다. 원래는 설교만 하고 들어가려고 했는데 어쩌다가 기도회까지 인도하게 되었다. 영어로 기도사역을 해 보는 건 오늘이 처음이었다.

평소에 선교사님 내외분이 사역자들을 얼마나 잘 훈련시켰는지 분명히 알 수 있었다. 성령께서 특별히 더 역사하신 점도 있겠지만, 평소에 받은 기도훈련을 결코 무시할 수 없다.

절규하면서 기도하는 신학생도 있었고, 계속 터져 나오는 눈물을 훔치며 격하게 반응하는 사역자도 있었다. 가슴을 치며 회개의 영에 사로잡힌 듯한 사역자도 보였다.

두 눈으로 보고도 믿기 힘들어서 기도하는 그들의 모습을 영상에 담았다. 하나님이 그들을 얼마나 사랑하시는지 오감으로 느낄 수 있었다. 나도 같이 기도하는데 어찌나 울컥하던지……

그들의 기도와 찬양 소리가 끊이지 않아 분위기를 해치지 않으려고 짐을 챙겨 살며시 숙소로 돌아왔다. 오늘 경험한 은혜의 여운은 한동안 가시지 않을 것 같다. 모든 영광을 주님께 돌려드린다.

선교사님과의 대화 (2023.1.18. 수 08:30)

아침식사를 하며 선교사님과 많은 대화를 나눴다. 선교지에서는 하나님을 경험하는 일은 아주 실제적이라고 하셨다. 아무런 말도 하지 않았는데 모르는 사람들이 불쑥 연락하거나 직접 나타나서 도움을 주는 경우가 종종 있다고 한다.

보홀 땅에 교회를 처음 개척하고 힘들게 살고 있었을 때 심지어 현지인 카톨릭 수녀가 어떻게 알고 먹을 것을 갖다 주기도 하고, 당신이 양육한 제자들(현지인)이 교회를 개척할 때 딱히 도와주는 게 없어 미안한 마음으로 있는데, 어느 날 방문한 단기선교팀의 극적인 도움으로 교회 개척이 이루어졌다고 하셨다. 심지어 제자들이 돈이 없어 힘들어 하고 있었는데, 생전 처음 보는 사람이 다가오더니 햄버거를 사주고 용돈까지 각각 손에 쥐어 주고 홀연히 사라졌다고 한다.

그리고 처음에 필리핀에 왔을 때 선배들에게 들은 간증 스토리도 들려주셨다. 복음의 불모지인 필리핀 땅에 교회를 세우려는 초창기 선

교사님들의 이야기이다. 당시
에는 한국에서 선교비를 보내
면 선교사님들의 통장으로 들
어오는 데 한 달 이상이 걸렸
다고 한다. 그만큼 금융 전산
이 엉망이었다.

배가 너무 고픈데다가 가족들이 먹을 게 없어 고통스러워하는 모습
을 보고 선교사님들이 해변에 앉아서 울고 있었다고 한다. 그때 근처
에 있던 리조트 주인(현지인)이 나타나서 왜 울고 있느냐고 물어서 배가
너무 고파 그렇다고 하니까, 그러면 들어와서 마음껏 먹으라고 했다
고 한다. 그 후로 그 선교사님들은 한국에서 단기팀이 오면 무조건 그
곳으로 안내한다고 한다.

아무튼 선교지에서 살아낸다는 건 정말 보통 일이 아닌 것 같다. 사
실 3년 전에 우리 가족도 이곳 보홀신학교에 오려고 철석 같이 준비하
고 있었는데 코로나가 터지는 바람에 무산되고 말았다. 그래서 늘 빚
진 마음이 있다. 비록 현지에서 같이 살아내지는 못하지만, 지금처럼
정기적으로 방문해서 현지 신학생들과 사역자들을 강의와 집회로 섬
겨야겠다.

보홀 땅의 복음화를 위해 바른 신학을 심고 바른 교회를 세우는 일
에 인생을 바치고 있는 선교사님 내외분에게 찬사를 보낸다. 주께서
날마다 풍성한 은혜로 채워주시기를.

노방 전도 중인 팀원들 (2023.1.18. 수 16:30)

이번 선교지원 사역에는 단기팀이 함께하는 중이다. 나 외에 10명의 팀원들은 현지인들을 집집마다 방문해서 먹을 것을 주며 현지어(비사야어) 또는 영어로 복음을 전했다.

보홀신학교 주변에는 정말 가난한 현지인들이 살고 있다. 팀원들의 말을 들어보니 빵 봉지를 들고 나가면 특히 아이들이 모여든다고 한다. 심지어 어떤 아이는 빵을 받고 나서 잠시 사라지더니 친구들을 몽땅 데리고 왔다고 한다. 더 이상 줄 빵이 없어 주지 못한 게 참 안타까웠다고 한다.

필리핀의 열기 속에 팀원들이 길거리를 다니며 복음 사역을 감당해 줘서 참 고마웠다. 단기팀의 리더는 편하게(?) 하루 종일 강의하고 저녁에는 설교하지만, 우리 팀원들은 발로 뛰면서 십자가의 복음을 현지인들에게 소개하고 있었다.

무엇보다 우리 아이들의 마음속에 선교의 열정이 심겨지면 좋겠다. 사실 이번에 이웃집 아이를 포함해 4명의 아이들을 데려온 이유가 크다. 태권도 시범으로 수고를 많이 했지만, 그보다도 현지인들과 접촉하면서 아이들의 입으로 복음을 말하게 하고 싶었다.

아쉽게도 나는 한 번도 노방 전도를 나가지 못했다. 다음번에는 꼭 나가고야 말리라. 찍어온 사진과 영상을 보니까 팀원들의 얼굴에 은혜가 넘쳐난다. 팀원들에게 은혜를 주신 하나님께 정말 감사드린다.

영적 전쟁을 치른 수요설교 (2023.1.18. 수 18:30)

드디어 마지막 설교 사역이 시작되었다. 설교 전 찬양 시간부터 바깥에 무슨 소리가 들리기 시작하더니, 설교하려고 강단에 올라가니까 본격적으로 소음이 시작되었다.

성경 본문(눅 18:35-43)을 읽는 중에 더욱더 소음이 커지고 있었다. 평소에 소음이 민감한 나로서는 어간 힘든 일이 아닐 수 없었다. 그래서 나도 모르게 설교 중에 불쑥 말을 뱉었다.

"I was just wondering what's going on outside?"

(도대체 밖에 무슨 일이 있는 거죠?)

현지인 성도들은 별로 개의치 않은 듯했다. 마치 매주 이렇다는 듯이 태연하게 반응하고 있었다.

아무튼 나는 필사적으로 설교하기 시작했다. 마치 본문의 바디매오가 예수님을 만나겠다는 심정으로 소리를 지르는 것처럼 설교했다. 우리도 어쩌면 지금 같은 상황일지도 모른다고 역설했다. 이렇게 시끄러운 소음 속에서 예수님을 이 시간 만나야겠다는 필사적인 몸부림을 쳐야 하는 상황이라고 말이다.

설교하는 내내 정말 힘들었지만 정신력으로 끝까지 견뎌냈다. 내 영어 설교를 옆에서 현지어(비사야어)로 통역하는 자매 사역자가 더욱 열정적이었다. 설교가 끝나고 그 자매(전도사)가 기도회를 인도하는데 정말 은혜가 넘쳤다.

모든 순서를 마치고 선교사님께 물어보니, 우리가 예배할 때마다 옆집에서 음악소리를 엄청나게 크게 튼다고 한다. 교회라는 걸 알기 때문에 의도적으로 방해한다는 것이다. 나는 그것도 모르고 혼신의 힘을 다해 설교했는데, 아무튼 영적 전쟁을 한바탕 치른 수요설교였던 것 같다.

신학생들과 뒷산 오르기 (2023.1.19. 목 07:00)

우리 팀원들과 신학생들이 함께 아침에 뒷산으로 향했다. 드디어 나도 신학교 주변을 걸어보게 되었다. 다들 모자를 눌러 쓰고 물통을 챙겨 삼삼오오 짝을 지어 산으로 향했다.

가는 길에 무허가 집들을 볼 수 있었다. 판자 같은 것들로 엮어 곧 쓰러질 듯한 느낌으로 세워 놓은 허술한 집들이었다. 전기와 수도가 없이 그냥 하루하루 버티는 극빈자들의 거처라고 한다. 이런 이웃들이 있는 곳에 보홀신학교가 위치하고 있다는 게 또 다른 의미로 다가왔다.

오가는 길에 몇몇 신학생들과 깊은 대화를 나누었다. 세미나 강의 중에는 할 수 없는 사적인 대화를 주고받으며 서로를 좀 더 깊이 알아갔다. 어떤 자매는 보홀신학교에 들어오기 위해 중고생 시절부터 준비했다고 한다. 신학교를 졸업해서 하나님 나라와 교회를 섬기는 사명자로 살고 싶다고 고백하는데 큰 도전이 되었다.

정상에 오른 우리는 저 멀리 바다를 바라보며 아침 햇살을 만끽했다. 보홀 땅에 계속해서 하나님 나라가 이루어지기를 잠시 기도했다. 우리는 함께한 신학생들과 단체 사진을 찍으  며 다음 만남을 기약했다. 그때까지 부디 몸 건강하게 잘 지내고 있길.

힐링이 있는 단기선교 (2023.1.19. 목 14:30)

출국 하루를 앞두고 팀원들을 위한 힐링코스를 마련했다. 보홀 알로나 비치를 끼고 있는 멋진 리조트에서 마지막 시간을 갖기로 했다. 근사한 야외 수영장도 있어 아이들이 놀기에도 정말 안성맞춤이다.

두 사모님을 포함해 자매들은 근처에 마사지를 받으러 갔고, 나는 아이들을 데리고 야외 수영장으로 갔다. 비가 쏟아졌지만 아이들은 마냥 즐겁게 물놀이를 즐겼다.

맛있는 저녁을 먹으며 다들 힐링 타임을 가졌다. 나는 너무 피곤해서 혼자 숙소에서 자버렸다. 1시간 자고 나서 다시 정신을 회복해 팀원들과 함께 알로나 비치를 거닐었다. 4년 전에 왔을 때보다 훨씬 더 시끄럽고 사람들이 많았다.

늦은 밤에 간식을 먹으면서 우리는 행복한 시간을 보냈다. 다들 가족이 된 느낌이었다. 누가 봐도 가족들끼리 여행 온 것처럼 보였다. 힐링과 안식이 있는 피에타스 제1기 단기선교는 정말 성공적이었다. 팀원들의 입에서 행복하다는 말이 계속 나오는 걸 보니.

행복감이 스며든 피곤 (2023.1.20. 금 16:00)

보홀에서 모든 일정을 마치고 세부(Cebu)로 향하는 중이다. 우리 팀원들은 모두 잠들어 있다. 나도 처음에 잠깐 잠들었다가 갑자기 잠이 달아나 버렸다. 팀원들의 잠든 표정을 보니 뭔가 행복해 보였다. 피곤함 속에 스며든 행복감이 표정 속에 묘하게 깃들어 있었다.

하나님이 우리에게 주시려는 행복이 그런 것 같다. 우리의 오감을 즐겁게만 하는 행복감은 하나님의 의도가 아니다. 우리 몸을 때로 피곤하게 해도 주님 품에서 우리가 '신적 행복'(divine happiness)을 누리기 원하신다. 이것은 하나님 나라와 교회를 위해 힘쓰는 자들에게 주어지는 그분의 선물이다.

이제 자정이 되면 세부 공항으로 간다. 최근에 주말에도 보홀-부산

직항표가 생겼다는데, 다음에는 갈 때도 보홀 공항에서 바로 비행기를 타야겠다. 덕분에 팀원들이 2시간 동안 배를 타는 수고를 하지만, 그래도 세부의 분위기를 잠시 맛보는 즐거움도 있을 것 같다.

세부 공항에 도착 (2023.1.20. 금 23:55)

드디어 세부 공항에 도착했다. 갑자기 비가 엄청나게 내리기 시작했다. 이제 선교사님과 작별해야 할 시간이라서 우리의 마음을 하늘의 눈물로 응답 받은 것 같다. 다행히도 차를 세운 곳이 비를 막아주는 구조물로 되어 있어 짐을 옮기는 데는 아무런 문제가 없었다.

시간은 이제 자정을 향해 달려가고 한국에는 설연휴 첫날이 시작된다. (물론 여기보다 1시간 빨라 이미 한국은 토요일이다.) 지친 팀원들에게 아주 멋진 연휴가 될 것 같다. 친인척을 만나면 필리핀 선교에 관해 생생하게 들려주겠지.

우리는 각자 겨울옷으로 갈아입고 한국으로 몸을 실을 준비를 했다. 현재 한국은 필리핀보다 30도 이상 낮은 기온인데, 김해공항에 도착하면 팀원들의 건강이 걱정된다. 정말 감사하게도 7박 8일 동안 아무도 아프지 않아서 갖고 온 약을 먹지 않았다. 온도 변화에 예민한 나만 비염약을 한 번 먹었다.

탑승수속을 마치고 우리는 늦은 밤에 허기를 달랬다. 단기팀 리더로서 팀원들에게 작은 선물을 하나씩 사 줬다. 처음에는 각자 계산하게 하는 척하다가, 내 장바구니에 담아 한꺼번에 내가 계산해 버렸다. 더 좋은 선물을 사 주고 싶은 마음이 들어 마냥 아쉽기만 했다.

두꺼운 옷으로 갈아입어 무척 더웠지만 곧 경험하게 될 한국 날씨를 생각하며 꾹 참았다. 이른 새벽 시간이 되니까 다들 피곤했는지 이륙하고 이내 잠들어 버렸다. 이제 깨어나면 대한민국의 추운 겨울로 돌아간다.

추운 한국으로 돌아오다 (2023.1.21. 토 07:20 한국시간)

드디어 김해국제공항에 도착했다. 정말 온몸이 으스스 추워지기 시작했다. 불과 하루 전날만 해도 필리핀에서 반팔 차림이었는데, 갑자기 30도가 낮아진 겨울 날씨에 몸이 내던져졌다.

벌써부터 내 코에서는 반응이 온다. 온도차에 극도로 예민한 비염환자라서 갑자기 기온차가 심해지면 보기 싫은 '불청객'이 어김없이 찾아온다. 큰아들과 막내도 아빠를 닮아 비염이 심한데 다행히 아직은 증상이 안 나타나고 있다.

입국수속을 마치고 짐을 찾은 우리는 작별을 준비했다. 다들 정말로 아쉬워하는 분위기다. 한 주 동안 마치 한 가족이 되어 버린 기분이다. 일정 때문에 중간에 귀국한 두 형제도 마지막까지 함께하지 못해 무척 아쉬웠다.

마지막 포옹과 작별 인사를 나누고는 다들 떨어지지 않는 발걸음을 힘겹게 내딛었다. 다음에도 기회가 된다면 모두가 동참하겠다는 분위기다. 우리는 마지막 단체 사진을 남기고 이제 각자 추운 일상으로 돌아간다.

둘째 녀석이 벌써부터 누나들이 보고 싶다고 울어대는데, 조만간 피에타스 제1기 단기팀 후기모임을 해야겠다. 카톡방에서는 아직까지 필리핀에서 추억이 담긴 사진과 영상들이 올라온다. 주님이 부어주신 은혜의 순간들을 놓치고 싶지 않은 마음일 게다. 이제는 그 은혜로 한국에서 일상을 살아내는 팀원들이 되시길.

다시 밟은
추운 몽골 땅
(2023)

2023년 2월 10일부터 17일까지 몽골장로교신학교 교수 사역을 감당하며 기록한 내용이다. 또다시 몽골의 추운 계절을 맛보게 되었고, 특히 몸 상태가 안 좋아져 평생 처음 경험해 보는 고통에 시달렸다. 그리고 몽골 SFC 청년들에게 연애신학을 강의하는 기회를 가졌다.

귀한 선배님과 함께 (2023.2.10. 금 11:30)

지난달 필리핀에 다녀온 지 아직 한 달이 안 됐는데 또다시 비행기에 몸을 실었다. 사실 좀 무리한 일정이었지만, 한때 담임으로 모셨던 어느 목사님이 적극적으로 권하시고 후원해 주시는 바람에 그냥 순종해 버렸다.

이번에도 작년 몽골 방문 때 함께했던 선배 목사님과 동행하게 되었다. 선교지 신학교에서는 내가 제일 막내 강사이다. 실력으로나 성품으로나 아직 배워야 할 후배가 10년 이상 선배님들과 매번 선교지 교수 사역을 지원하고 있다. 참 황송하기가 그지없다.

선교지 신학교를 방문해 강의로 섬기는 선배님들은 한결같이 이타적인 삶을 사신다. 당신들의 목회 사역도 감당하기 벅찰 텐데, 매년 휴가 또는 특별히 시간을 내어 선교지의 영혼들을 전심으로 섬기신다.

그분들에 비하면 나는 참 여유로워 보인다. 물론 사역 일정은 더 많을 수도 있다. 본의 아니게 방송에도 나오고 많이 알려져서 그런지 선교지원 사역이 비교적 원활하다. 아마 선배들을 본보기로 삼아 더욱 열심히 지원 사역에 힘쓰라는 주님의 섭리일 게다.

이번 몽골 방문 때는 또 어떤 은혜로운 경험을 하게 될지 벌써부터 마음이 설렌다. 선교후원자들의 고결한 중심을 생각해서라도 선교비를 허투루 쓰

지 말아야겠다. 선교지에서 하나님 나라와 교회를 살리는 큰 기쁨을
그분들과 함께 공유하고 싶다.

높이 오르면 (2023.2.10. 금 13:55)

높이 오르면 세상이 아름다워 보인다.
그렇게 복잡하고 시끄러운 곳이
높이 오르면 단조롭고 조용하게 보인다.

높이 오르면 마음도 여유로워진다.
시간에 쫓겨 앞으로만 향하던 내면이
높이 오르면 마치 현재에 머물러 있다.

높이 오르면 온 세상을 굽어살핀다.
주변과 나 자신만 살피는 좁은 시야가
높이 오르면 신기하게 온 세상을 향한다.

그래서 그분은 가장 높은 곳에 계시나 보다.
세상을 아름답게 보며
초연한 마음으로 영원한 현재에 존재하며
온 세상을 굽어살피며
태초의 아름다움을 우리와 함께 꿈꾸신다.

혼신의 힘을 다해 (2023.2.10. 금 19:00 현지시간)

몽골에 도착해서 숙소에 들렀다가 곧바로 첫날 일정을 시작했다. 현지인 목사님과 함께 이마트에 가서 피자와 치킨을 사 들고 몽골 SFC 학사관으로 향했다. 작년 방문 때의 간곡한 요청으로 청년들에게 연애신학을 강의하게 되었다.

강의 전에 피자와 치킨을 먹는데 다들 얼마나 행복해하는지 보는 내내 덩달아 행복해졌다. 몽골인들에게 가장 먹고 싶은 게 뭐냐고 물으면 십중팔구는 피자라고 말한다. 이번에도 한국의 여러 동역자들의 후원으로 이들에게 피자를 풍성하게 대접하게 되었다.

어느덧 강의를 시작했는데 내 몸에서는 이미 신호가 오고 있었다. 전날까지 설사로 고생하다가 응급실에 다녀왔고, 특히 고지대에 위치한 몽골에 올 때마다 하루 이틀 정도는 두통에 시달렸는데 이번에도 어김없이 증상이 찾아왔다. 게다가 몸에서 열이 나는 것 같았다.

하지만 앞에 있는 영혼들을 생각하며 그야말로 '혼신의 힘을 다해' 강의를 했다. 통역사와 함께 2시간 가까이 서 있었는데, 이러다가 정말 쓰러질지도 모른다는 생각이 들었다. 그럴지라도 정신을 가다듬고 끝까지 평온함을 유지했다.

성윤리가 기상천외한 몽골에서도 연애신학이 통한다는 걸 알게 되었다. 강의를 마치고 나가려는데 어떤 형제가 할 말이 있다며 잠시 나를 세웠다. 오늘 강의를 통해 성도로서 어떻게 연애를 해야 하는지 분명히 깨달았다는 것이다. 나도 감사하는 마음으로 함께 기념사진을 남겼다. 몸은 정말 힘들었지만 보람 있는 강의였다.

처음 경험해 보는 고통 (2023.2.11. 토 00:00-07:00)

첫날 일정을 마치고 밤늦게 숙소에 오자마자 온몸에서 반응이 터져 나왔다. 일단 열이 나기 시작했고 잠시 멈췄던 설사가 본격적으로 시작되었다. 문자 그대로 밤새도록 화장실에 왔다갔다하면서 설사의 고통이 진행되었다.

온몸에는 근육통이 엄습해 왔는데, 잠이 살짝 들려고 하면 근육통 때문에 깨어났다. 그러다가 또다시 설사가 진행되고, 게다가 몸이 추웠다가 더웠다를 밤새 반복했는데, 그래서 옷을 껴입었다가 벗었다를 계속 반복했다.

심지어 물만 한 모금 마셔도 곧바로 화장실로 달려갔다. 이러다가 정말 어떻게 되는가 싶었다. 머리는 터질 듯이 아팠고, 실내가 워낙 건조해서 기침도 멈추지 않았다. 한국에서 가지고 온 지사제, 두통약, 해열제 등으로 그냥 버틸 뿐이었다. 평소에 내 병을 두고 기도를 잘 안해서 이럴 때라도 기도를 하라는 주님의 섭리인가 싶었다.

아무튼 태어나서 처음 경험해 보는 고통이었다. 뭔가 한꺼번에 다 몰려온 것 같았다. 그렇게 좋아하던 글쓰기에도 집중할 수 없었다. 밤새 화장실에 왔다갔다하면서 잠시 침대에 뒤척이다가 혼미한 정신으로 아침을 맞이했다.

하루 종일 요양 중 (2023.2.11. 토. 온종일)

밤새도록 설사와 전쟁을 하다가 주말을 맞이했다. 강사로 함께 섬기는 목사님이 아침식사를 같이 하자고 찾아오셨는데 도저히 그럴 상황이 아니라고 정중히 거절했다.

그리고 오늘 일정에서 다 빠지겠다고 신학교 선교사님께 말씀드렸다. 몸 상태만 아니면 정말 함께하고 싶은 일정이었는데 눈물을 머금고 참았다. 세계적인 관광지인 테를지 국립공원을 둘러보는 일정이다. 지금 겨울철 눈으로 뒤덮인 장관이 펼쳐져 있을 건데 정말 아쉬웠다.

주말 하루 종일 나는 숙소에 머물렀다. 정신이 멍한 상태로 침대에 누웠다가 일어났다를 반복했다. 잠을 좀 자고 나면 그나마 맑은 정신이었다가, 시간이 좀 지나면 또다시 멍해졌다. 계속되는 설사 때문인지 온몸에 기력이 없었다.

그래도 저녁이 다가오니까 조금은 호전되는 듯했다. 테를지에 다녀온 두 분이 함께 식사를 하자고 해서 옷을 챙겨 입고 기운을 차려 밖으로 나갔다. 선배님 두 분이 후배 환자를 지극 정성으로 보살펴 주셨다. 나도 어차피 또 설사를 할 건데 뭐라도 먹고 하자는 생각에 최대한 덜 자극적인 음식으로 저녁을 먹었다. 제발 내일 주일에는 설사가 멈출 수 있기를.

현지인 교회 주일설교 (2023.2.12. 주일 11:00)

어제보다는 몸 상태가 좋아진 기분이었다. 물론 아직 설사는 진행 중이다. 이제 현지인 교회 주일 설교를 섬기러 가야 한다. 작년 때와 는 또 다른 교회에서 공예배 설교를 하게 되었다.

빈 공터 같은 곳에 도착했는데 예배당 하나가 덩그러니 눈앞에 들어 왔다. 내린 눈이 얼어붙어 마치 빙판 위에 가건물이 대충 서 있는 것 같았다. 하지만 문을 열고 들어가니까 찬양의 온기가 물씬 느껴졌다.

그런데 문제가 생겼다. 예배 시작 5분을 앞두고 배에서 신호가 오기 시작했다. 화장실로 급하게 달려가 설사를 하고 최대한 빨리 예배의 자리로 돌아왔다. 몽골인들이 부르는 찬송 소리, 함께 암송하는 사도 신경이 이제는 별로 낯설게 느껴지지 않았다.

이윽고 설교 시간이 되어 혼 신의 힘을 다해 말씀을 전했 다. 몽골 땅에도 하나님 나라 가 도래할 것인데, 우리가 더 욱 그 나라를 사모해야 한다 고 역설했다. 그러기 위해서  는 무엇보다 내 인생을 근본적으로 변화시키는 예수님을 제대로 만나 야 한다고 강조했다. 그분을 만나려는 간절함을 회복하라고 설교 내 내 도전했다.

말씀을 듣는 성도들의 표정이 사뭇 진지하게 보였다. 옆에서 통역 하는 자매 사역자의 열정 때문에 메시지에 더욱 힘을 얻게 되었다. 한국어 실력이 탁월해서 원고에 없는 내용도 전혀 막힘없이 통역해 주었다.

예배를 마치고 교제를 나누는데 하나님을 제대로 섬기려는 마음이 이들에게서 느껴졌다. 평소에 담임목사가 바른 신앙을 성도들에게 전수해 주는 결과물일 것이다. 예배당 건축을 위해 기도하는 중이라는데 주께서 부디 긍휼을 베풀어 주시기를.

내가 남긴 음식까지 (2023.2.12. 주일 13:00)

현지인 교회 예배를 마치고 담임목사(몽골인)에게 식사 내접을 받았다. 차를 타고 조금 가다가 깔끔하게 보이는 일식집으로 들어갔다. 우리는 밖에 내다볼 수 있는 창가로 자리를 잡았다.

아직 설사가 계속되고 있어 아무거나 먹기가 참 곤란했다. 담임목사도 그런 나를 위해 부담 없는 메뉴를 추천해 주었다. 주문한 음식이 나오는 동안 우리는 많은 이야기를 나누었다. 담임목사가 아직 30대 중후반인데 정말 열정적으로 교회를 섬겼다. 바른 교회를 세우기 위해 혼신의 힘을 다하는 것 같았다.

어느덧 음식이 나오고 우리는 맛있게 먹기 시작했다. 그런데 나는 절반을 남겼다. 더 이상 먹었다간 설사가 더욱 심해질 것 같은 불길함이 엄습해 왔다.

내 앞에 남겨진 음식을 지켜본 그는 자기가 먹어도 되냐며 자기 앞으로 그걸 가져갔다. 그리고 정말 맛있게 내가 남긴 걸 먹어 치웠다.

그 순간 나는 뭔가 모를 뭉클함이 밀려왔다. 현지인 사역자들이 음식 하나라도 낭비하지 않는다는 걸 알게 되었다.

계산할 때 지켜보니 그의 손에는 아까 남긴 샐러드까지 포장 용기에 담겨 고이 쥐어져 있었다. 앞으로는 현지인들과 밖에서 식사할 때는 웬만하면 남기지 말아야겠다. 그리고 주께서 그의 목회 사역에 더욱 큰 은혜를 주시도록 기도해야겠다.

후배를 향한 지극정성 (2023.2.12. 주일 19:30)

설사로 고생하는 후배 때문에 선배 목사님들이 계속 고생이다. 끼니 때마다 메뉴를 신경 써 주시고 급기야 마트에 가서 죽을 찾으러 다니셨다. 어찌나 민망하고 황송하던지 선배님들의 지극정성에 저절로 고개가 숙여진다.

한 분은 신학교 선교사님이시고 다른 한 분은 이번에 함께 몽골을 방문한 지역교회 목사님이시다. 두 분 모두 나보다 10년 선배님이고 신대원 기수로는 12년 차이가 난다.

그럼에도 두 분은 권위 의식이나 꼰대 기질이 전혀 없으시다. 어떻게 하면 후배의 건강을 회복시킬 수 있을까를 두고 매일매일 노심초사하신다. 선교지라서 더욱 신경이 쓰이시나 보다.

마침내 조 목사님이 한쪽 코너에서 죽을 찾아냈다고 아주 기뻐하셨다. 그것도 한국에서 수입된 '양반 쇠고기죽'이다. 후배 녀석이 설사를 연발하니까 걱정하시며, 혹시 탈진되면 밤늦게라도 죽을 꼭 먹으라고 신신당부를 하셨다. 선배 목사님의 마음을 간직하려는 의도로 쇠고기 죽을 들고 사진 한 컷을 남겼다.

첫 강의 시작 (2023.2.13. 월 10:40)

겨울 집중강의 첫 수업을 시작했다. 이번 학기에 나는 목회학 석사 (M.Div.) 2학년을 대상으로 웨스트민스터 신앙고백서를 강의하게 되었다. 다른 학년에 비해 학생 수가 적었지만 그럼에도 최선을 다하고 싶었다.

강의실 밖에는 아직 녹지 않은 눈으로 덮여 있었다. 신학교 앞에 주차된 차량에는 고드름이 주렁주렁 매달려 있다. 몽골의 추위를 실감할 수 있는 광경이었다.

이런 추위에도 불구하고 신학생들의 배움은 계속 진행되었다. 코로나를 거치며 영적 빙하기가 찾아왔지만, 그럼에도 신학생들은 얼어붙은 몽골 땅을 녹이려고 기지개를 펴고 있었다.

아직 배가 불편하지만 비장한 각오로 기도하며 첫 강의를 시작했다. 옆에서 통역하는 현지인 목사님 덕분에 더욱 힘이 났다. 한국말을 무척 잘해서 순간 한국인처럼 느껴졌다. 이  번 한 주 동안 마음을 맞춰 학생들에게 최선을 다해 강의를 해야겠다.

드디어 설사가 멈추다! (2023.2.13. 월 20:30)

오늘 강의를 마치고 저녁식사도 하고 마침내 숙소에 돌아왔다. 속이 조금 불편해서 화장실에 갔는데 정말 정말 기뻤다. 영원할 것 같았던 설사가 드디어 멈춘 것이다!

사실 '설사 스토리'는 이렇게 시작되었다. 지난달 필리핀에서 돌아오는 날인 1월 21일부터 설사가 시작되어 며칠 병원 다니며 괜찮아졌다가, 몽골 방문 며칠 전부터 또다시 같은 증세로 설사를 시작한 것이었다. 몽골 방문 하루 전날에도 응급실에 다녀왔다. 아무튼 몽골에 와서 설사가 시작된 게 아니다.

이토록 기나긴 설사의 여정이 드디어 마무리되었다는 게 나에게는 그야말로 '복음'이었다. 화장실에 가서 힘을 주는데 아름다운 '그것'을 보는 순간 얼마나 기뻤던지 하마터면 감격의 눈물을 흘릴 뻔했다.

어제까지 지극정성으로 후배를 돌보던 두 선배님의 공이 컸다. 제일 먼저 감사하는 마음이 들었다. (물론 하나님은 0순위 감사 대상이시다.) 건강관리의 중요성을 또다시 깨닫게 된 소중한 기간이었다. 여하튼 이렇게 오래도록 설사하는 건 생전 처음이었다. 두 번 다시는 반복하고 싶지 않은 경험이다.

아침마다 시험치기 (2023.2.14. 화 09:00)

이번에도 내 수업은 아침마다 시험을 친다. 다른 과목도 마찬가지겠지만, 특히 교리 수업은 그날 배운 내용을 숙지하고 시험을 통해 확인하지 않으면 내용을 잊어버리기 쉽다. 그래서 이번에도 학생들을 힘들게 하는 선생 노릇을 하고 있다.

수업을 듣는 학생들은 2명뿐인데 모두 나이가 많다. 그중 남자 분은 50대 후반이다. 정말 열심히 필기하며 공부하시지만 시험 성적은 그다지 좋지 않다. 나이가 들어 신학을 공부한다는 게 여간 어려운 일이 아니다. 14년 전 신대원에 다닐 때의 50대 '형님들'이 문득 떠올랐다. 아무리 열심히 해도 젊은 친구들 따라가기를 힘들어하셨다.

지금 내 강의를 듣는 50대 몽골인 '형님'도 힘들어하시는 것 같다. 그럼에도 집중력을 초지일관(初志一貫) 유지하며 열심히 공부하시는 모습이 정말 보기가 좋다. 시골에서 사역한다는데 정말 열정적으로 하실 것 같다.

아무튼 포기하지만 않으면 최대한 좋은 성적을 드리고 싶다. 14년 전에 우리를 가르치시던 교수님들의 심정이 지금 이렇지 않을까 싶다. 그때는 잘 몰랐는데 직접 신학생들을 가르쳐 보니 이제야 실감나게 깨닫는다. 역시 세월이 흘러야 사람은 철이 드나 보다.

피곤해도 강의는 계속하리라! (2023.2.14. 화 13:40)

오늘따라 유독 몸이 피곤했다. 이제 막 설사에서 해방되어 그런지 속은 한결 편해졌지만 몸 상태는 아직 피로 중인 것 같다. 점심식사를 하고 돌아와서 강사 휴게실 소파에 앉았는데 나도 모르게 잠이 들어

버렸다.

고개를 뒤로 젖히며 자는 모습을 옆에서 조 목사님이 폰 카메라에 담으셨다. 나중에 깨어나 보니 자는 내 모습 사진이 내 폰에 전송되어 있었다. 이런 순간들을 잘 잡아내는 은
사가 조 목사님에게 있는 게 틀림없다.

여하튼 몸은 피곤해도 강의는 계속 되어야 하리라! 선교지 신학생들은 처음에 무엇을 배우느냐에 따라 그들이 섬기는 교회의 모습이 크게 달라진다. 거의 대부분 척박한 곳에서 개척하여 혼자 교회를 세워가기 때문이다.

특히 시골의 먼 지역으로 갈수록 재교육의 기회도 잘 주어지지 않기에 처음부터 이들에게 제대로 가르쳐야 한다. 그렇기 때문에 피곤하다고 해서 이번 주 주어진 강의를 결코 소홀히 할 수가 없다. 잠을 깨우고 정신을 가다듬고 남은 강의에도 최선을 다해 보자!

몽골 땅에도 그 나라가 오리라! (2023.2.14. 화 18:10)

몽골 땅에도 하나님 나라가 조용히 진행되고 있다. 비록 공개 전도는 할 수 없고 타인을 개종시키는 것도 법으로 금지되어 있지만, 목자이신 그분의 음성을 알아듣고 나아오는 자들이 도처에 있다.

30년이 조금 넘는 몽골의 기독교 역사는 현재 한국인 선교사들이 주도하고 있다고 해도 과언이 아니다. 탁월한 현지인 사역자들이 세워지고 있지만 아직은 자립할 정도는 아니다. 현지 선교사님 말씀으로는 모든 걸 이양하고 철수하는 순간, 얼마 지나지 않아 교회가 사라질지도 모른다고 하신다. 그만큼 아직은 미성숙하다는 뜻이다.

그럼에도 하나님 나라는 몽골의 교회들을 통해 진행될 것이다. 아니 정확히 말하자면, 하나님께서 당신의 교회들을 어떤 방식으로든지 존속시키실 것이다. 이 일을 위해 많은 분들이 몽골 땅에서 헌신하고 있다. 우리 같은 지원 사역자들도 매년 방문해서 힘을 보태고 있다.

척박한 몽골 땅에 하나님 나라가 도래함을 믿음으로 선포하련다. 이미 하나님의 통치를 받는 자들이 몽골의 곳곳에서 그분의 주권을 여러 모양으로 증거하고 있다. 현지 성도들이 말씀과 성령으로 더욱 깨어나기를 기도한다. 지금보다 더욱 하나님의 영광을 목말라하며 그분의 사랑을 능력 있게 전할 수 있기를 소망한다.

설레게 하는 칭의의 복음 (2023.2.15. 수 09:00)

신앙고백서 제11장 강의를 시작했다. 칭의에 관한 내용이다. 한국에서도 그렇지만 특히 선교지에서 칭의를 가르칠 때는 정말 마음이 설렌다. 선교를 가능하게 하는 동력이 바로 칭의의 복음이기 때문이다.

그 어떠한 죄인이라도 오직 믿음으로 하나님 앞에 의롭다고 인정받는다. 자기 죄를 용서받고 그리스도의 의에 힘입어 하나님께 나아갈

수 있기 때문에, 먼저 믿은 성도들은 다른 사람들에게도 그 사실을 전하고 싶어진다. 값없이 경험한 구원의 복음을 타문화권에도 전해 주고 싶은 갈망이 칭의를 제대로 깨달을 때 더욱 극대화된다.

이해하기 편하도록 그림을 그려가며 칭의가 이루어지는 과정을 자세히 설명했다. 신학생들도 칭의의 은혜를 새롭게 깨달아서 그런지 놀라운 집중력으로 강사를 응시하고 있었다. 강의실에 하나님의 은혜가 생생히 부어지는 것 같았다.

특히 로마 카톨릭의 입장과 우리가 어떻게 다른지 자세하게 설명했다. 그리스도의 의가 우리에게 주입(infusion)이 아닌 전가(imputation)되어야 하는 이유를 논리적으로 다루었다. 의의 실체는 그 어떠한 경우에라도 우리의 외부에 있어야 함을 강조했다. 우리를 의롭다고 하는 그 의는 바로 그리스도께 있고 그리스도 자신임을 역설했다.

다들 몸은 피곤했지만 칭의의 은혜가 우리의 몸과 영혼을 깨우고 있음을 느낄 수 있었다. 사역 현장에서 부디 칭의의 복음을 잘 선포할 수 있기를 소망한다.

거꾸로 자라는 고드름 (2023.2.15. 수 13:30)

점심을 먹고 돌아왔는데 신학교 건물 곳곳에 고드름이 보였다. 몽골의 강추위 때문에 떨어지는 물이 그대로 정지해 버렸다. 1월보다는 안 추워도 여전히 영하 20도를 밑도는 날씨이다.

신기하게도 고드름은 항상 거꾸로 자란다. 일반적으로 동물이든지

식물이든지 다들 밑에서부터 자라지
만, 고드름은 언제나 위에서부터 아래
로 자란다. 위에서부터 공급되는 물과
그것을 얼어붙게 하는 강추위가 만들
어낸 합작품이다.

우리의 신앙도 좀 비슷한 것 같다. 얼
핏 보기에는 신앙이 밑에서부터 자라
는 것 같지만, 나중에 돌이켜 보면 위로
부터 끊임없이 공급되는 그분의 은혜와
또 신앙의 '고드름'을 형성시키는 고난의 '강추위'가 빚어낸 걸작이라
는 걸 깨닫는다.

몽골의 신학생들은 지금 영적 '고드름'을 키우는 중이다. 꽁꽁 얼어
붙은 몽골 땅에 그리스도의 계절을 오게 하려고 여러 모양으로 준비
하고 있다. 이들을 지도하는 선교사님들의 헌신을 통해 반드시 그날
이 오게 될 것을 믿는다.

피자로 나누는 행복 (2023.2.16. 목 12:20)

이번에도 몽골의 신학생들에게 피자를 대접했다. 내가 대접한 게 아
니라 선교후원자들의 사랑을 모아 이들에게 전달했을 뿐이다. 몽골인
들은 피자를 정말 좋아한다. 매번 와서 뭐 먹고 싶냐고 물으면 다들 피
자라고 대답한다.

점심시간에 강사들은 보통 선교사님과 함께 밖에 나가서 식사하는 데 오늘만큼은 신학생, 직원들과 같이 먹었다. 식탁을 함께 나누어야 마음까지 나누게 되는 것 같다. 어떤 자매 사역자(신학교 강사, SFC 간사)는 피자를 혼자서 거의 한 판을 다 먹어 치운다. 몸도 날씬한데 어디서 그런 피자 사랑이 나오는 건지.

피자 하나로 다들 어쩜 이렇게 행복해하는지……. 지켜보는 내내 덩달아 행복해진다. 강의실에서 따로 먹는 학생들과도 함께 인증샷도 남겼다. 어떤 학생(목사)은 자기가 피자  먹을 때 영상을 찍어 달라고 해서 하나 남겼다. 어찌나 익살스럽게 피자를 먹는지 보기만 해도 웃음이 나왔다.

주께서 재림하실 때 우리를 위해 준비하시는 어린 양의 혼인 잔치(계 19:9)는 이보다 더욱 기쁘고 행복하겠지. 그날이 되면 전 세계의 모든 성도들이 함께 모여 삼위 하나님을 목도하면서 먹고 마시며 영원한 행복을 누리게 되겠지. 얼른 그날이 왔으면 좋겠다.

하나님 나라로 마무리 (2023.2.16. 목 15:00)

마침내 마지막 강의 시간이 되었다. 놀랍게도 웨스트민스터 신앙고백서 전체(33장)를 다 다루었다. 몽골 방문 전에 작업해 둔 〈한 줄 요약, 웨스트민스터 신앙고백서〉덕분이다. 이 자료를 먼저 읽고 신앙고백서 본문을 살펴보니까 전체를 다 다룰 수 있었던 것이다.

내 강의의 마지막은 언제나 하나님 나라였다. 웨스트민스터 신앙고백서는 그 구조상 하나님 나라의 완성을 마지막에 언급하기 때문에 더욱 명시적으로 하나님 나라를 말했다. 죽음 이후의 사람의 상태가 어떻게 되는지, 주께서 마지막 그날에 세상을 어떻게 심판하시는지, 또 이 세상을 어떻게 회복시키시는지 소상하게 언급했다.

특히 몽골 땅에도 하나님 나라가 임하게 될 것을 역설했다. 복음 전파를 통해 이미 임한 하나님 나라가 주께서 다시 오실 때 충만한 모습으로 회복하게 될 그 나라를 소망하자고 도전했다. 지금과는 비교할 수 없는 영광스러운 그 나라가 반드시 온다고 계속 강조했다.

어느덧 성령께서 청중의 마음을 뜨겁게 하고 계심을 느낄 수 있었다. 척박한 사역 현장이지만 신학생들이 섬기는 교회를 통해 하나님 나라가 오게 될 거라는 확신을 심어 주셨다. 완전한 그 나라가 오면 다 같이 만나서 지금 이 순간을 추억하자고 마음을 나누었다. 다시 만날 그날을 기약하며 모든 강의를 마무리했다.

영하 29도의 시골지역 (2023.2.16. 목 18:00)

오늘 마지막 수업을 마치고 다른 강사 목사님과 함께 시골로 나갔다. 지난 주말 설사 때문에 하루 종일 숙소에서 요양한 후배를 위해 선교사님이 특별히 시간을 마련해 주셨다. 한 주간 집중강의로 피곤했지만 탁 트인 벌판 위의 설경을 상상하며 두 분을 따라나섰다.

울란바토르를 벗어나기 시작하니까 곧바로 몸과 마음이 상쾌해지기 시작했다. 차를 타고 계속 달려도 끝없이 펼쳐지는 설경이 장관을 이루었다. 갑자기 한 분이 눈썰매를 타자고 하시며 길가에서 판매되고 있는 플라스틱 눈썰매를 하나 구매하셨다.

눈썰매 앞에서는 50대 선배 목사님들도 그냥 지나칠 수 없나 보다. 나도 어린 시절에 시골에서 자랄 때 비료포대를 가지고 눈썰매를 타며 즐거워한 적이 있다. 그때 이후로 30년 만에 또다시 눈썰매를 경험하게 되었다.

그런데 추위가 장난이 아니었다. 차량 안에 표시된 외부 온도계 숫자는 영하 29도를 나타내고 있었다. 분명히 울란바토르에서 출발할 때는 10도 이상 높았던 것 같은데. 시골 지역은 수도와 기온 차이가 엄청나게 난다는 말이 사실이었다. 지난달(1월)에는 수도가 영하 40도까지 떨어졌다고 하던데 그럼 시골 지역은……. 생각만 해도 아찔하다.

눈썰매는 두 번 타는 것으로
충분히 만족했다. 살을 에는
듯한 추위와 높은 언덕에서 내
려오는 엄청난 속도 때문에 살
짝 공포감이 밀려오기 시작했
다. 근처에 웅장하게 서 있는
징기즈칸 동상 앞에서 인증샷을 하나 남기고, 한참을 차 타고 가서 돌궐 엉거트 유적지에도 방문했다. 가는 곳마다 눈이 엄청나게 쌓여 있어 걷기가 불편했지만, 그럼에도 두 선배 목사님과 함께해서 참 행복했다.

다시 한국으로 (2023.2.17. 금 19:40 한국시간)

7박 8일의 일정이 쏜살같이 지나갔다. 특히 이번 몽골 방문은 그전부터 설사로 시작해서 하마터면 변비로 끝마칠 뻔했다. 다행히 마지막에는 배변활동이 완전히 회복되었다.

몽골은 섬기러 올 때마다 오히려 힐링을 경험하고 돌아간다. 오기 전부터 몸 상태가 너무 안 좋았는데 현지 선교사님의 극진한 보살핌으로 한국에 도착하기 전부터 체력이 좋아졌다.

한국 사람은 본능적으로 한국에 끌리나 보다. 김해국제공항에 가까이 오니까 벌써부터 마음이 푸근해진다. 몽골에서 출발할 때와는 완전히 다르다. 비행기 창문 너머로 아름다운 야경이 시야에 들어왔다. 옆 좌석에서 조 목사님이 사진 전문가의 기질을 발휘하고 계신다.

나 같은 선교지원 사역자들은 선교지를 돌아다니며 강의와 집회로 섬긴다. 조 목사님이 나보고 태국에도 소개해 주고 싶다고 하시는데 어떻게 할지 한번 고민해 봐야겠다. 아무튼 이번 몽골 방문도 무사히 마칠 수 있어서 정말 감사했다. 모든 영광을 하나님께 올려드린다!

· 열 번째 ·

갈수록 정드는
보홀신학교
(2023)

2023년 5월 27일부터 6월 3일까지 필리핀 보홀신학교 헬라어 집중강의를 섬기며 기록한 내용이다. 사역 중에 일어나는 선교지에서의 애환을 자세히 듣고 공감하게 되었다. 그리고 함께 동행한 강사와 대화하면서 순회 교수선교단을 구체적으로 꿈꿀 수 있었다.

분주한 마음을 다잡고 (2023.5.27. 토 16:30)

마산에서 인천공항까지 5시간 동안 택시를 탔다. 덕분에 생애 최고의 택시 요금(56만원)을 지불했지만 후회는 별로 없다. 시간을 못 맞춘 나의 부족함을 깨닫게 해 준 값비싼 수업료이다.

그래도 뭔가 정돈되지 못한 내 마음인 건 틀림없다. 어젯밤에 가족들한테 괜한 성질을 부려서 그런 건가. 아니면 새벽까지 안 자고 이것저것 하느라 그런 건지.

허겁지겁 인천공항에 왔는데 선배 목사님이 먼저 와서 기다리신다. 이번 필리핀 방문에 함께해 주실 박사님이다. 선교지 신학교에도 이렇게 훌륭한 분이 헌신할 수 있다는 걸 몸소 보여 주시는 귀한 분이다.

몇 년 만에 인천공항에 오니까 뭔가 낯설다. 김해공항과는 비교도 안 될 정도로 웅장하고 크다. 선배 목사님과 함께 탑승수속을 마치고 맛있는 저녁식사를 했다. 흩트러지고 분주한 마음을 얼른 다잡고 이제 곧 시작될 사역에 집중해야겠다. 이번 필리핀 보홀 선교에도 큰 은혜가 임하길 기도한다.

주일 준비 중 (2023.5.27. 토 11:30 현지시간)

밤늦게 보홀에 도착해 선교사님 사택에서 티타임을 가졌다. 나 말고 두 분은 초면인데도 금세 진지한 대화를 이어 나갔다. 대화 중에 서로 아는 선교사님들이 나오는가 하면, 생각보다 가까운 지인들을 서로 알고 계셨다.

숙소로 들어와서 나는 주일 설교문을 살피고 있다. 몇 달 만에 또 현지인 교회에서 영어로 설교한다. 한국에 있을 땐 영어가 하나도 생각 안 나다가(?), 희한하게도 여기만 오면 혀가 영어 모드로 바뀐다.

내일 주일예배 때 성령께서 역사하시기를 간절히 구해야겠다. 특히 '광야 법정'에서 우리의 불평과 불만을 당신의 사랑으로 잠재우시는 그 마음이 현지인 성도들에게 전해지기를 기도해야겠다.

낮에 한국에 있을 때 마음이 너무 분주하고 흩트러졌는데 이제는 기쁨과 평안이 마음에 솟구치고 있다. 하나님께서 이번 한 주 동안 이곳 신학생들과 성도들에게 은혜를 베풀어 주실 거라고 확신한다.

부흥사 같은 통역자 (2023.5.28. 주일 09:30)

숙소에서 1시간 걸려 콜텍스(Cortex)에 위치한 하나로 제자교회(One Way Disciple Church)에 도착했다. 놀랍게도 예배 시작 전부터 교회당 주변에 교인들과 아이들로 북적거렸다. 뭔가 생기가 도는 교회라는 확신이 들었다.

예배당 안에는 이미 사람들이 꽉 차서 바깥에 의자를 몇 줄로 갖다놓고 교인들이 앉아 있었다. 예배당 안에 울려 퍼지는 찬양은 정말 뜨거웠고 온

성도들이 한마음으로 하나님을 노래하고 있었다.

드디어 설교 시간이 되어 앞으로 나갔다. 나이 많은 교인들을 위해 영어-현지어 통역으로 진행했다. 그런데 설교가 시작된 지 얼마 지나지 않아 통역자의 열정에 내가 큰 도전을 받았다. 정말 불을 내뿜는 부흥사 같았다. 덩달아 나도 소리를 높여 설교를 했다.

이 교회를 담임하는 통역자는 소문대로 열정이 대단했다. 그 열정이 그의 통역 소리에 그대로 녹아 있었다. 설교보다 통역이 탁월해서 온 성도에게 큰 은혜가 전달되고 있었다. 여기저기에서 '아멘' 소리가 터져 나왔다. 예배당 밖에 있는 교인들도 엄청난 집중력으로 설교자와 통역자를 보고 있었다.

필리핀의 습한 날씨에 설교하는 내내 힘들었지만 그럼에도 주께서 역사하셨다는 생각에 큰 위로가 되었다. 앞으로도 이 교회에 계속해서 큰 은혜가 부어지기를 소망한다.

선교사님 부부와 함께 (2023.5.28. 주일 18:00)

두 강사는 선교사님 부부와 함께 저녁식사를 하고 커피타임을 가졌다. 선교지 상황을 자세하게 들으면서 많은 대화를 나누었다. 대화를 나누면서 나는 참으로 아이러니한 기분이 들었다. 대한민국이 점점 선교지로 변하고 있는 것 같다.

여기서 내가 말하는 '선교지'는 단순히 교회가 없는 지역이 아니라, 복음을 들어도 반응이 없고 복음에 대한 열정도 전혀 없는 상태를 말한다. 선교지에 강사로 올 때마다 느끼는 거지만, 이곳 신학생들과 교인들은 선포되는 복음에 정말 열정적으로 반응한다. 오늘 오전에도 무슨 부흥회 같은 공예배를 목격했고, 신학생들은 젊은 나이에 고달픈 사역 현장에 나갈 준비를 하고 있었다.

대화 중에 한국 교회의 상황을 공유하다가 선교사님 부부가 깜짝 놀라셨다. 선교지에서는 상상도 못하는 일들이 한국의 사역자들 사이에서 벌어진다는 것이다. 선교지에서는 훈련 차원에서 참고 견뎌야 하는 일들이 한국에서는 불합리한 대우로 인식되고 있었다. 실제로 불합리할 수도 있지만 사명보다 자기 권리를 앞세우는 세대의 특징일 수도 있다.

웃기고 슬프게도 대화 내용이 점점 한국 교회를 걱정하는 쪽으로 흘러갔다. 한국 교회와 선교지를 왔다갔다하는 나로서는 양쪽 모두를 마음에 두고 있다. 피에타스 선교지원 연구소의 정체성답게 앞으로도 허브(hub) 역할을 계속해야겠다.

헬라어 수업 시작 (2023.5.29. 월 09:00)

보홀신학교에서 처음으로 헬라어 수업을 시작했다. 한국에서 직접 집필한 헬라어 교재(영문판)를 가지고 진행했다. 한 번도 배우지 않은 언어에 학생들이 과연 흥미를 가질 수 있을까 하는 걱정이 들었다.

하지만 그런 걱정은 이내 사라졌다. 정말이지 모든 학생들이 흥미를 느끼며 헬라어 알파벳부터 열심히 공부하기 시작했다. 한 명씩 나오게 해서 두 글자씩 쓰게 했는데 생각보다 다들 잘 쓰는 것이 아닌가.

몇 번 반복을 하고 이제 그만하려고 했지만 학생들의 성원에 못 이겨 또다시 하게 되었다. 이번에는 대문자와 소문자를 한꺼번에 써 보고 싶다고 했다. 필리핀이 영어권이라서 영어와 비슷하게 생긴 헬라어를 익히는 게 우리보다 수월한가 보다.

한 주 동안 최대한 달려서 헬라어 주기도문을 암송하게 만들고 싶다. 이전에 몽골 신학생들에게도 동일한 방식을 적용해서 나름 성공을 거두었다. 이제 보홀신학교에도 헬라어 과목이 본격적으로 개설되었다.

강의 마치고 저녁집회 (2023.5.29. 월 19:00)

오늘 헬라어 강의를 마치고 다른 장소로 이동해서 저녁집회를 섬겼다. 월요일마다 현지 청년들을 초청해 보홀 SFC 큰모임을 하는데, 이번에도 내가 강사로 섬기게 되었다.

매번 느끼는 거지만 이곳 청년들은 찬양과 기도를 굉장히 뜨겁게 한다. 그래서인지 설교자가 한층 더 수월해진다. 설교 전에 청중의 마음을 달구어 놓기 때문이다.

이곳에서 여러 번 설교해서  그런지 이제 긴장되지는 않는다. 영어 설교도 갈수록 익숙해진다. 그래서인지 말이 좀 빨라진다는 느낌이 들었다. 영어회화는 말을 빨리 해도 무방하지만, 설교는 청중에 따라서 빨리 말하면 오히려 해가 될 수 있다.

그럼에도 신학생들이 많이 참석해서 그런지 설교 도중에 종종 '아멘'으로 반응해 주었다. 수업 중에도 정말 열심히 하는 친구들이다. 주께서 주시는 구원의 즐거움을 회복하자는 게 메시지의 결론이었는데 잘 전달되었는지 모르겠다. 성령께서 은혜 베풀 자에게 은혜를 주셨다고 굳게 확신한다.

신학교 역사상 처음 있는 일 (2023.5.29. 월 22:00)

저녁집회 후에 선교사님 사택에서 깊은 대화를 나누고 숙소로 가는 중이었다. 그런데 신학교 1층에서 밤늦게 불이 켜져 있고 학생들이 한 자리에 모여 있는 걸 목격했다. 그냥 지나치려다가 다른 강사 목사님과 함께 궁금해서 들어가 보았다.

선교사님이 먼저 와서 깜짝 놀라고 있었다. 보홀신학교 역사상 처음 있는 일이라고 했다. 누가 시킨 것도 아닌데 다들 자발적으로 모여 헬라어 공부를 하고 있었다. 내일 아침에 시험 때문이지 싶은데 그럼에도 이런 경우는 처음이라고 한다.

오늘 헬라어 수업 시간에 다들 그렇게 재미있어 하더니 정말이었나 보다. 학생들의 이런 모습을 지켜본 이상 강사도 대충 섬길 수 없을 것 같다. 내일 아침 헬라어 첫 시험을 신경 써서 만들어야겠다. 주께서 신학생들에게 위로와 평안을 주시기를.

선교지 환우심방 (2023. 5. 30. 화 13:25)

점심시간에 선교사님 부부와 함께 현지인 가정에 심방을 갔다. 신학교를 졸업한 사역자가 어제 탈장 수술을 해서 회복 중이라고 한다. 한국에서야 탈장 수술은 별 문제가 아닐 수 있지만, 날씨가 너무 습하고 의료 환경이 열악한 필리핀에서는 수술 후에도 큰 문제가 생길 수 있다.

나도 모르게 원목의 본능이 발동되고 있었다. 출발 전부터 이미 세계로병원의 원목 모드로 전환했다. 특히 이전에 외국인 환자가 입원했을 때 영어로 번역해 둔 기도문이 생각나서 곰곰이 읽어보며 준비를 했다.

마침내 환우가 있는 집에 도착했다. 심방대원은 총 6명. 선교사님 부부, 강사 두 명, 현지인 사역자 두 명.

서로 대화를 조금 나누다가 어느덧 모두의 시선이 나한테 집중되었다. 세계로병원 원목이니까 얼른 심방을 진행하라는 암묵적 시선일 게다.

Now we want to pray for you. I'll give you a message, God's word of promise. Psalm 41:3 says, "The LORD will strengthen him on his bed of illness; You will sustain him on his sickbed."

(이제 우리가 전도사님을 위해 기도하기 원합니다. 하나님의 약속의 말씀을 메시지로 드립니다. 시편 41편 3절은 "여호와께서 그를 병상에서 붙드시고 그가 누워 있을 때마다 그의 병을 고쳐 주시나이다"라고 말씀합니다.)

사역자의 환부에 살짝 손을 얹고 간절히 기도하기 시작했다. 심방대원들 모두가 마음을 모아 '아멘'으로 화답했다. 하루 속히 회복해서 하나님 나라와 교회를 위해 더욱 열정을 낼 수 있도록 주께서 역사하시기를 간절히 기도했다.

기도 중에 닭이 무지하게 울어댔지만 전혀 신경 쓰이지 않았다. 혹시 닭의 언어로 내뱉는 '아멘'일지도 모르니까 말이다. 아무튼 선교지에서 경험해 보는 첫 환우심방이었다.

선교지에서 사모의 일상이란 (2023.5.30. 화 14:50)

오후에 간만의 자유가 찾아왔다. 선교사님과 김 목사님이 〈교회교육 커리큘럼〉을 강의(+통역)하시는 덕분에 나는 사모님과 오붓한(?) 시간을 보냈다. 신학교에서 조금 떨어진 곳의 괜찮은 카페에서 많은 대화를 나누었다.

특히 선교지에서 사모로 살아간다는 게 어떤 의미인지를 생생하게 들을 수 있었다. 우리 남자 사역자들이야 자기 사역에만 충실하면 되지만, 가정의 살림을 살아야 하는 아내들의 일상은 생각보다 만만치 않다. 특히 선교지에서는 더더욱.

1시간 전에 심방했던 환우(신학교 졸업생)의 병원비를 두고 사모님이 정말 많은 고민을 하셨다. 도와달라는 그의 간청을 외면할 수가 없어 하루 동안 깊은 고민에 빠졌다가, 마침내 하나님 앞에서 평안을 되찾고 정말 기쁜 마음으로 전액을 당신이 부담했다고 한다.

분명히 가족을 위해 쓰려고 모아둔 돈일 텐데, 현지인의 영혼을 사랑하는 마음 때문에 하나님의 도우심을 믿고 이번에도 '거사'를 강행하신 것 같다. 선교지에서 사모의 일상이 이런 것이라는 생각이 드니까 왠지 마음이 숙연해진다.

하나님이 선교사님 부부에게 복 주시는 이유를 알 것 같다. 분명히 이런 일들이 한두 번이 아니었을 텐데, 그때마다 하나님의 도우심이 없이는 선교가 불가능하다는 생각이 든다. 아무튼 하나님께서 선교지의 사모님들에게 더 큰 복을 풍성하게 부어 주시기를 기도한다.

좌충우돌 선교지 방문기

기도가 살아 있는 신학교 (2023.5.30. 화 19:15)

이곳 보홀신학교는 화요일 저녁마다 모든 신학생들이 모여 설교를 듣고 기도회를 가진다. 이번에도 나는 설교자와 기도회 인도자로 섬겼다. 생각보다 몸이 피곤했지만 신학생들과 말씀을 나누고 함께 기도한다는 기쁨이 더 컸다.

오늘은 열왕기상 18장 30-40절 말씀을 나누었다. 한국어 설교도 좀 그렇지만 희한하게 영어로 설교하면 나도 모르게 부흥사 기질이 좀 발동한다. 강의 때보다 목소리 톤이 훨씬 높아지기 시작했다.

Brothers and sisters, in such a situation, are we, like Elijah, ready to proclaim that the LORD is the only God in the midst of the Philippine church? Or are we, like Israel in their worship of Baal, quick to compromise with the principles of the world in moderation if it benefits us?

(형제자매 여러분, 그런 상황에서 우리는 엘리야처럼 필리핀 교회 가운데 여호와께서 유일한 하나님이심을 선포할 준비가 되어 있습니까? 아니면 바알을 숭배했던 이스라엘처럼 우리에게 유익하다면 적당히 세상의 원리와 타협하는 데 급급합니까?)

필리핀 교회에 하나님의 살아 계심을 여러분이 증거할 수 있기를 바란다고 강력하게 도전을 했다. 세상의 가치를 단호히 거부하고 보홀 땅에 복음의 능력을 드러낼 수 있기를 바란다고 간절히 설교했다.

설교를 마치고 기도회를 진
행하는데 역시 이번에도 뜨겁
게 기도하기 시작했다. 하루
종일 수업을 들어 피곤할 텐데
도 거의 대부분이 큰 소리를
내며 울부짖듯 기도하고 있었
다. 기도의 영이 부어지고 있음을 실감했다.

기도가 살아 있는 신학교이기 때문에 하나님께서 어떤 방식으로든
지 이곳에 동역자들을 계속 보내주실 것 같다. 앞으로도 이들의 기도
를 통해 역사하시는 하나님을 기대한다.

신나는 헬라어 수업 (2023.5.31. 수 14:00)

오후에 강의실에 들어섰는데 갑자기 신학생들이 박수를 치기 시작
했다.

"Why are you clapping?"
(왜 박수를 치는 거죠?)

"We're clapping to see you again."
(목사님을 다시 만나서 박수를 칩니다.)

농담인지 진담인지 모르겠지만 아무튼 오후 수업 시작부터 기분이 좋았다. 보통 헬라어 수업은 다들 힘들어 하는데, 이 친구들은 무엇 때문에 이토록 좋아하는지 알다가도 모르겠다.

오늘 시험은 어제보다 쉽게 출제해서 다들 잘 쓴 것 같다. 물론 채점을 해 봐야 알겠지만. 아무튼 어떻게 하면 학생들에게 성적을 잘 줄 수 있을지 매번 고민하면서 출제한다. 오늘은 고민한 보람이 있는 것 같다.

그리고 오후 수업이라 다들 피곤하지 싶어 농담도 종종 섞어가며 수업을 진행했다. 강사도 학생들도 모두 웃음꽃이 활짝 피었다. 보홀 현지어(비사야어)를 알면 더 잘 소통할 수 있  겠지만 그냥 영어만으로도 만족한다.

필리핀 사람들은 소리로 학습하는 능력이 뛰어나다. 글로 쓰고 암기하라고 하면 좀 힘들어 하는데, 말로 하라고 하면 정말 유창하게 잘한다. 그래서 단순 문법 암기는 최소화하고 헬라어 구절을 가지고 계속 읽기를 반복한다.

이제 내일이면 마지막 수업이다. 마지막까지 학생들이 헬라어를 즐거워할 수 있도록 힘써 봐야지.

설교자가 아닌 청중으로 (2023.5.31. 수 18:30)

그동안 필리핀 선교지에 오면 출국 전까지 모든 설교와 강의를 혼자서 했다. 그러다가 오늘 처음으로 설교자가 아닌 청중으로 예배에 참석했다. 이번에 다른 목사님이 강사로 합류해 주신 덕분이다. 처음에는 강의만 한다고 하셨지만 나 혼자 '죽을 수 없어' 수요 설교를 부탁하게 되었다.

기대했던 대로 반응이 좋았다. 교육심리를 전공하신 분답게 성경 본문을 해석하고 전달하는 능력이 대단했다. 옆에서 통역하시는 선교사님의 열정이 더해져서 예배 분위기가 한층 더 무르익었다.

선교지에서 청중으로 예배에 참석한다는 게 이토록 좋은지 몰랐다. 앞으로도 무조건 설교를 부탁드려야겠다. 몇 분 더 같이 와서 서로 나눠 섬기면 금상첨화이지 싶다.

설교도 좋았지만 설교 후의 기도회도 정말 좋았다. 교회를 섬기는 현지인 사역자인데 정말 탁월하게 기도사역을 한다. 이번에 헬라어 수업도 같이 듣는데 정말 똑 부러지게 열심히 한다. 아무튼 오늘 청중으로 예배에 참석해서 참 좋았다.

내년을 기약한 마지막 수업 (2023.6.1. 목 09:00)

어느덧 마지막 헬라어 수업이 시작되었다. 강의실에 들어오니까 학생들도 뭔가 아쉬운 표정이다. 매번 방문 때마다 '마지막'을 경험하는데도 여전히 서로가 적응이 안 된다.

특히 이번에는 신학교 졸업생이 8명이나 된다. 2019년 보홀에 처음 왔을 때 1학년이었던 친구가 벌써 졸업한다는 말이다. (몽골은 2017년이 첫 방문이었는데 그때 가르쳤던 현지인들은 이미 졸업해서 교회를 개척하고 사역하는 중이다.)

오늘은 마지막 수업이라서 수업을 조금 일찍 마치고 신학생들의 모습을 영상으로 담았다. 간단한 인터뷰를 요청하며 한 마디씩 해 달라고 했다. 헬라어를 처음 접해서 조금 어려
웠지만, 정말 흥미롭게 가르쳐 줘서 감사하다는 내용이 대부분이었다.

마지막이란 다음 만남을 위한 또 다른 표현이라고 했던가. 내년에는 더욱 풍성하고 유익한 강의로 신학생들을 만나야겠다. 이번에 졸업하는 8명도 청강생으로 부디 오기를.

순회 교수선교단을 꿈꾸며 (2023.6.1. 목 21:30)

보홀신학교 집중강의를 마치고 김 목사님과 나는 많은 대화를 나눴다. 무엇보다 선교지의 신학교들을 어떻게 하면 좀 더 효과적으로 섬길 수 있을지 생각을 나누었다. 선교지원 사역의 선배님으로서 여러 조언을 들려주셨다.

선교지의 신학교는 교수 요원들이 절대적으로 부족하다. 대부분 선교사님과 그 학교 출신 현지 사역자 몇 명이 과목을 맡아서 가르치는 구조이다. 신학교 사역을 하는 선교사들은 선교지 특성상 연구와 티칭에 전념할 수 없는 상황이다. 그러다 보니 현지 신학생들의 교육이 풍성하게 이루어지기 힘들다.

한국 교회 초기에도 그랬지만 선교지에서도 사역자 한 명이 제대로 배출되어야 그곳에 건강한 교회가 세워진다. 선교지에 교회를 개척해서 사역하다 보면 결국 현지 사역자를 배출하는 신학교의 필요성을 느낀다. 그래서 선교지에는 신학교가 반드시 필요하다.

선교지의 그런 신학교들을 다양한 강의로 섬기는 '순회 교수선교단'이 필요할 것 같다. 선교단체 개념은 아니고, 그렇다고 어떤 조직도 아니며, 평소에 독자적인 사역을 하다가 특정 기간 동안 선교지 신학교를 함께 섬기는 방식이다. 국내에 숨어 있는 실력자들을 일깨워 선교지 교수 요원으로 동원하고 싶다.

물론 자비량으로 헌신해야 한다. 신학교 교수 사역이지만 선교지를 섬기는 일이기에 그 어떠한 사례도 요구하거나 기대해서는 안 된다. 오히려 선교비를 모아 헌금을 하고 와야 한다. 실제로 나는 2017년부터 그렇게 하고 있다. 이 일에 동역하기 원하는 재야의 고수들을 이제 찾아야겠다.

행복이 넘치는 식탁교제 (2023.6.2. 금 12:00)

신학생들, 사역자들, 선교사님 가족, 두 강사가 한자리에 모였다. 마지막 화룡점정을 찍으려고 ICM(Island City Mall) 1층에 있는 뷔페 Prawn Farm에서 식탁 교제를 나누었다.

선교지에 올 때마다 현지 신학생들에게 식사 대접하는 일을 한 번도 빠뜨리지 않았다. 하나님 나라와 교회를 잘 섬기려면 잘 먹는 것이 정말 중요하기 때문이다. 나도 신대원 재학 시절에 같은 은혜를 입었다. 외부 강사가 와서 설교하면 신학생들에게 중식을 제공하곤 했는데, 그 일을 이제 내가 선교지에서 실천하는 것이다.

이번 식사는 내 카드로 긁었다. 조만간 밀려오는 집회 일정을 생각하며 강사료의 십일조를 미리 선교지에 드리는 차원이다. 주께서 나를 강사로자꾸 세우시는 건 앞으로도 더
욱 선교지를 섬기라는 그분의 뜻이라고 확신한다.

신학생들이 접시를 비우는 실력이 보통이 아니다. 맛있는 음식을 먹으며 행복해하는 모습을 보니까 나도 덩달아 행복해진다. 이번 한 주 헬라어를 가르치며 학생들을 힘들게 했다는 죄책감(?)을 나도 덜게 된 것 같아 흐뭇했다. 앞으로도 보홀에 강의하러 올 때마다 여기에 데리고 와야겠다.

한국 도착, 잠시 쉬는 중 (2023.6.3. 토 04:40)

드디어 인천공항에 도착했다. 7박 8일의 일정이 어떻게 지나갔는지 모르겠다. 특히 이번에는 다른 강사가 동행해서 현지 신학교에도, 나에게도 정말 좋은 경험이 되었다. 다음에는 한두 분 더 모시고 가야겠다.

한국에 도착했지만 아직 집에 가려면 반나절은 더 지나야 한다. 인천공항의 어느 카페에서 잠시 쉬는 중이다. 따뜻한 커피와 케이크 한 조각, 약간의 과일로 아침을 해결하고 있다.

우리의 인생도 이와 비슷한 것 같다. 어딘가에 도착했다고 생각해서 막상 가 보면 아직 목적지까지는 좀 더 가야 한다. 도착했다는 그곳은 사실상 목적지와 가까운 곳이지 목적지 그 자체는 아니다. 그래서 인생길은 최종 목적지를 향해 계속해서 나아가야 하나 보다.

이제 반나절만 지나면 가족들이 있는 집으로 간다. 아내가 세 아들을 보느라고 무척 고생했을 텐데 얼른 가서 위로해 주고 싶다. 매년 몇 차례 선교지에 돌아다니는 가장 때문에 가족들이 괜한 고생이다. 필리핀에서 사온 건망고와 과자로 기분을 풀어봐야지.

좌충우돌 선교지 방문기

· 열한 번째 ·

몽골 땅의
부흥을 꿈꾸며
(2023)

2023년 9월 8일부터 16일까지 몽골의 신학생들을 집중강의로 섬기면서 기록한 내용이다. 신학생들의 순전한 모습을 지켜보며 몽골 땅의 부흥을 꿈꾸고 확신하게 되었다. 또한 선교지에서 일어나는 여러 에피소드를 들으면서 더욱 섬겨야겠다는 마음을 가졌다.

공항까지 동행한 아내 (2023.9.8. 금 18:00)

선교지 방문을 앞두고 있으면 마음이 늘 분주해진다. 6년 전부터 매년 몇 차례씩 나가는데도 매번 새로운 마음이다. 오늘은 아내가 카니발로 남편을 친히 공항까지 데려다 주었다. 멍한 기운이 몰려와서 아내에게 따뜻한 말보다는 예민한 말투로 굴었는데, 비행기 탑승 전까지 계속 마음이 쓰인다.

남편 없이 9일 동안 세 아들과 함께 뒹굴어야 하는 아내의 모습을 생각하니 벌써부터 발걸음이 무거워진다. 그럼에도 사명 따라 선교지에 자주 나가야 하기에 이번 몽골 방문도 최선을 다해야겠다.

부부는 하나님 나라를 위한 사명자 커플이어야 함을 강의 때마다 외치지만, 나 역시 턱없이 부족한 남편이다. 그렇기 때문에 하나님 앞과 동역자들 앞에서 늘 겸손해야 한다. 갈수록 알려지고 있는 요즘에 다시 한 번 마음을 다잡아야겠다.

이번 몽골 방문에도 선배 목사님 한 분이 동행하신다. 출발 전에 나누는 대화에서도 많은 것을 배운다. 나보다 훨씬 오래 전부터 선교지 신학교 교수 사역을 감당해 오고 있다. 이제 비행기에 몸을 실으면 가족들의 얼굴을 떠올리며 눈을 좀 붙여야겠다.

도대체 어느 곳이 선교지인지 (2023.9.8. 금 23:35 현지시간)

김해공항에서 3시간 반이 걸려 몽골에 도착했다. 자정이 된 한밤중이라 공항 바깥은 암흑천지였다. 마중 나온 선교사님 차를 타고 숙소로 가는데, 나는 뒷좌석에서 선배님 두 분의 대화에 귀를 기울이고 있었다.

"지금 한국 교회가 심각한 상황입니다. 어떤 신학생은 설교하다가 자신은 창세기를 안 믿는다고 거침없이 말합니다. 공부를 안 하는 친구도 많지만, 어떤 학생은 하나님을 만난 적이 없는데도 신학 공부는 잘해서 시험만 치면 1등 합니다."

그 순간 선교사님이 무척 당황하시는 듯했다. 몽골 신학생들은 지식은 좀 딸리지만, 그래도 사명감을 가지고 신학교에 입학해서 열심히 기도하며 공부한다. 선교사님은 한국 신학생들이 그 정도일 줄은 몰랐다고 하신다.

나도 선교지 신학교 선생으로서 한국과 선교지를 비교해 봐도 선교지 신학생들이 훨씬 더 뜨겁게 기도하고 열심히 공부한다. 물론 전반적인 신학적 수준은 낮은 편이다. 그럼에도 선교지 신학생들은 하나님이 자신들을 부르셨다는 소명 의식만큼은 투철하다. 신학교를 졸업하고 정말 고생을 하며 교회를 개척해 나간다.

하지만 한국 교회에는 갈수록 그런 신학생들이 줄고 있다. 학생 수도 줄고 무엇보다 '사명자들'이 줄고 있다. 이제는 우리나라가 점점 선교지처럼 되어 가는 중이다. 아니, 이미 선교지로 전락했을지도 모른다.

나는 피자 목사님?! (2023.9.9. 토 17:00)

이번 첫 강의에 앞서 저녁 만찬을 즐겼다. 몽골 SFC 학사관에 사는 청년들이 평소에 먹고 싶은 음식을 잔뜩 시켰다. 역시 이번에도 피자가 1순위, 그다음이 치킨, 샐러드, 과일 등이다. 몽골 사람들은 피자를 정말 좋아한다.

오늘은 청년들이 나보고 '피자 목사님'이라고 불렀다. 올 때마다 피자를 배불리 사 줘서 그런가 보다. 사실 나는 후원자들의 사랑을 그저 전달할 뿐이다. 물론 나도 선교헌금을 하지만.

이 친구들을 지도하는 목사님(몽골인)은 오늘이 마치 잔칫날 같다고 한다. 덩달아 나두 잔칫상에 참여하는 깃 긷아 기분이 참 좋았다. 청년들이 나보고 탄산음료를 권하길래 나는 준비해 온 '저브 아르츠'를 마시겠다고 했다. 몽골에 오면 제일 먼저 찾는 나의 최애 음료이다.

주님이 다시 오실 때 우리도 그분과 함께 천국의 잔칫상을 즐기겠지. 나는 그저 한 번 왔다가는 '피자 목사'일 뿐이지만, 우리 주님은 이 친구들의 목자로 늘 그들의 필요를 공급해 주신다.

몽골에서도 복의 신학! (2023.9.9. 토 17:40)

만찬을 즐긴 후에 복의 신학을 강의했다. 성경적인 복이 무엇인지 몽골에서도 알려주고 싶었다. 사실 선교지에서 복을 말하기가 쉬운 건 아니다. 그들보다 훨씬 여유가 있는 한국 사람이 말하는 복 개념에 얼마나 공감할 수 있을지.

그럼에도 성경이 말하는 복
이니까 나는 목사로서 복의 신
학을 말했다. 복과 관련된 단
어가 성경에 무수히 나온다는
점을 들어 하나님은 우리에게
언제나 복 주시기를 원하신다
는 걸 역설했다. 세상의 복 개념 말고 성경이 말하는 복에 집중하면,
아무리 몽골 선교지라도 풍성한 복을 누릴 수 있음을 말했다.

통역을 거치니까 강의 시간이 훨씬 더 부족했다. 강사나 통역자나
시간이 짧아 참 아쉬운 마음이었다. 그럼에도 불구하고 복의 기본 개
념은 잘 전달되었을 거라고 믿는다.

강의를 마치고 2부 순서가 진행되었다. 뒤에 앉아 몽골 SFC 청년들
을 지켜보니 하나님께 큰 복을 받았다는 걸 알았다. 이들이 함께 학사
관 생활을 하며 믿음의 공동체를 어린 나이 때부터 경험하는 게 한국
에서는 아주 드물다. 『복의 신학』도 언젠가는 몽골어로 번역되겠지.

간식창고 습격사건 (2023.9.9. 토 19:30)

복의 신학 강의를 마치고 목사님(몽골인)과 대화하다가 최근의 에피
소드를 알게 되었다. 휴대폰으로 CCTV 화면을 계속 보고 있길래 뭐
냐고 물으니까 최근에 동네 아이들이 교회 간식창고를 습격했다고 한

다. 창고 열쇠도 잃어버렸는데 아마 아이들이 들고 가서, 계속 기회를 엿보다가 창고의 간식을 다 털어버렸다고 했다.

이같은 '간식창고 습격사건'은 한국 교회에서 수십 년 전에나 일어날 법한 일이다. 아이들이 얼마나 배가 고팠으면 그랬을까. 아니면 배고픈 것보다 재미 삼아 그랬을 수도 있다. 나도 어릴 때 시골에 살면서 주인 몰래 밭에 들어가 양파서리, 수박서리를 동네 친구들과 했던 기억이 있다.

교회 사정을 들으니까 주님이 자꾸 마음에 부담감을 주셔서 이번 예산에도 없는 간식비를 송금해 버렸다. 평소에 모아놓은 강사료를 이럴 때 쓰라고 주님이 부어 주셨나 보다.

선교지에서는 참 '다채로운' 에피소드가 많이 일어난다. 조금만 관심을 가지면 섬길 수 있는 부분을 쉽게 찾을 수 있다. 주께서 이 교회에 큰 은혜를 베풀어 주시기를 간절히 기도한다.

현지인들과 나누는 말씀의 은혜 (2023.9.10. 주일 11:00)

지난 2월에 이어 오늘도 같은 교회에서 현지인들과 말씀을 나누었다. 지난번에는 예배 직전에 설사를 만나서 식겁했지만 이번에는 다행히도 배탈이 나지 않았다. 오기 전부터 만발의 준비를 해서 그런가 보다.

희한하게도 이곳 분위기가 전혀 낯설지 않았다. 7개월 전에 한번 방문했을 뿐인데 성도들의 모습이 매주 만나는 것처럼 친숙하게 느껴졌

좌충우돌 선교지 방문기

다. 벌써 나를 알아보는 교인도 있었다.

설교 시간이 되어 강대상에
올라갔다. 그 순간 성령께서
청중의 마음을 움직이고 계심
이 느껴졌다. 한국어로 말하고
몽골어로 통역하는데도 설교
자에게 임한 감동이 청중 가운
데 그대로 전달되는 것 같았다. 무엇보다 오늘 본문(막 5:35-43)을 통해
처음에 가지고 있던 그 믿음을 계속 가지라고 도전했다. 어떠한 상황
이 와도 우리 주 예수께서 여러분의 상황을 보시고 끝까지 지키신다
고 역설했다.

감사하게도 '아멘' 소리가 여기저기에서 들렸다. 누구보다 담임목사
가 집중해 주셔서 더욱 마음을 가다듬고 설교를 이어 나갔다. 통역자
를 배려해 최대한 원고대로 했지만, 그렇지 않은 부분도 탁월한 통역
으로 통역을 해 주었다. 성령 안에서 모든 것이 합력하여 진행되었고
설교 시간은 은혜 중에 잘 마무리되었다.

결혼을 앞둔 시한부 인생 (2023.9.10. 주일 12:20)

오전 설교를 마치고 담임목사와 함께 점심을 먹으러 시내 근처로 나
갔다. 한국어를 정말 잘해서 가끔 한국인으로 착각할 정도이다. 어휘
력을 제외하고 유창성만 따지면 나보다 더 잘하는 것 같다. 설교와 강

의 때 말고는 말이 어눌한 나 자신을 잘 알기 때문이다.

운전 중에 갑자기 표정이 무거워지더니 기구한 사연을 지닌 교인의 이야기를 들려주었다. 현재 골수암이 너무 많이 진행되어 몽골에서는 더 이상 치료가 안 된다고 해서 우여곡절 끝에 그를 한국에 보냈는데, 한국에서도 더 이상 손쓸 수 없다고 한다. 이제 대학교를 졸업한 20대 청년에게 어찌 이런 일이 생기는 걸까.

더욱 마음 아프게 하는 건, 그 형제가 결혼을 6개월 앞두고 있는 상황이다. IVF에서 신실하게 훈련받은 자매와 결혼 약속을 하고 하나님 앞에서 미래를 함께 준비하고 있는 중이다.

과연 하나님은 이 커플에게 무엇을 원하시는 걸까. 하나님 나라를 위한 사명자 커플로 당신의 영광을 위해 일평생 헌신한다면 그게 하나님께도 더 큰 이득이 될 텐데……. 이런 경우를 지켜보고 있으면 하나님의 섭리를 인간의 정서로 완벽히 이해할 수 없다는 걸 깨닫는다.

아무쪼록 결혼을 앞두고 시한부 인생을 살아가는 그 형제에게 하늘의 위로가 임하기를 기도한다. 더욱이 그 형제의 약혼녀에게도 주님의 위로하심이 충만하길 소망한다. 몽골 땅에 하나님 나라를 위해 헌신하는 커플들을 당신께서 더욱더 일으켜 주시기를 간절히 기도한다.

도르트 신조 강의 시작! (2023.9.11. 월 10:40)

드디어 신학교 첫 강의를 시작했다. 이번에는 학부생 1,2학년을 대상으로 도르트 신조를 강의한다. 이제는 6년 전에 처음 가르쳤던 신학생(학부, 석사)이 아무도 없다. 오늘 보니 모두가 새로운 얼굴들이다.

내 강의의 특징은 어려운 걸 쉽게 가르친다는 점이다. 책을 쓸 때도 마찬가지이다. 실력이 있어서 그런 건 아닌 것 같고, 현장사역을 하다 보니까 어떻게 하면 쉬운 현장 언어로 전달할 수 있을지 계속 고민해서 그런 것 같다.

학생들 중에는 시골에서 유학 온 만학도가 있다. 나이가 많거나 적거나 도르트 신조의 내용을 다 이해시켜야 하는 부담감이 강사에게 있다. 쉬는 시간에 통역자의 피드백을 들어 보니 다행히도 이해하기 정말 쉽다는 말을 한다.

도르트 신조는 17세기 초에 네덜란드에서 논쟁이 되었던 '항론파'의 5개 조항이 비성경적임을 밝히고, 거기에 맞춰 성경적인 대답을 논리적으로 정리한 문서이다. 특히 예정과 관련된 구원론의 핵심을 세밀하게 다루기 때문에, 신학생이라면 누구라도 읽고 이해하고 있어야 한다.

첫 수업의 분위기가 생각보다 좋다. 학생들도 모두 마음 밭이 좋은 것 같다. 한 주 동안 강사만 열심히 준비해서 쏟아내면 된다. 주께서 부족한 자를 통해 성경적인 진리와 바른 교리를 몽골 땅에 잘 이식시켜 주시기를 소망한다.

질문 많고 해맑은 신학생들 (2023.9.11. 월 14:00)

첫날 오후 수업을 시작했다. 예상대로 학생들이 잘 알아듣고 질문도 많이 한다. 질문이 많으면 둘 중의 하나이다. 강의 내용에 동의가 안 돼서 계속 딴지를 거는 상태든지, 아니면 강의를 듣다가 파생되는 궁금증이 생겨 참지 못하는 상태든지.

분위기를 보아하니 전자보다는 후자인 것 같다. 아마 내 강의가 단순히 교리적인 명제를 가지고 논한다기보다, 실제 우리가 구원을 대하는 태도와 하나님을 향한 경건에 계속 초점을 맞추다 보니 그런 것 같다. 나는 학생들이 질문하면 끝까지 온유한 태도로 대답해 준다. 이해하기 힘들어 하면 성령께서 그들에게 깨달음을 주시도록 마음속으로 기도한다.

잠깐 쉬는 시간에 학생들이 내 나이를 두고 서로 토론(?)했나 보다. 수업을 다시 시작하려고 하는데 나이를 묻길래, 내가 몇 살처럼 보이냐고 되물었더니, 아니 글쎄, 나보고 50대가 아니냐고 반문한다. 아직 40대 중반이라 좀 억울했지만, 학생들이 볼 때 강의 중에 묻어나는 내 스타일이 중후하다는 뜻으로 애써 이해했다.

여하튼 첫날 강의는 대만족이다. 한 주 동안 혼신의 힘을 다해 강의하며 신학생들을 섬겨야겠다. 내일 아침 시험문제도 최대한 쉽게 출제해야지.

신학교까지 왕복 140km (2023.9.12. 화 09:00)

아침 9시가 되어 시험을 치려고 하는데 한 명이 보이지 않았다. 시작 기도를 하고 시험지를 그냥 나눠 주려고 하다가 조금 더 기다려 보기로 했다. 10분 가까이 지나도록 오지를 않아 약간 기분이 상한 채로 시험지를 나눠 주었다.

신학을 배우려고 하는 학생이 어떻게 시험에 지각할 수 있을까. 이런저런 생각으로 마음이 살짝 힘들어 지려고 하는데 '문제의 학생'이 문을 열고 들어왔다. 나이가 많은 여자 분이다.

그래도 '마음씨 좋은' 강사는 곧바로 시험지를 나눠 주고 시험을 똑같이 치게 했다. 다행히 생각보다 열심히 공부하신 것 같았다. 조금 지각하셨지만 표정과 자세를 통해 자신은 하나님 앞에서 최선을 다하는 중임을 보여 주셨다.

쉬는 시간에 한 가지 궁금한 게 생겼다. 학교에서 제일 멀리 떨어져 사는 학생이 누구인지 물어봤다. 그랬더니 아침에 지각하신 만학도가 손을 들었다. 신학교에서 자그마치 왕복 140km 이상을 매일 왔다갔다 하신다고 한다. 심지어 학교 청소를 하면서 학비를 벌고 있다고 한다.

그 순간 나는 살짝 부끄러워지기 시작했다. 이러한 상황도 모르고 그저 지각했다는 사실에만 꽂혀 사람을 평가하려고 했던 나 자신에게 실망했다. 그런데 나 같으면 매일 140km를 왔다갔다하면서 신학교를 다닐 수 있을까. 아무리 생각해도 그럴 자신이 없다.

변함없는 피자 사랑 (2023.9.12. 화 12:30)

오늘은 신학교 점심으로 특식이 나왔다. 몽골에 올 때마다 몇몇 분이 식사비를 후원해 주셔서 이번에도 피자 세트를 잔뜩 주문했다. 신학생들에게 먹고 싶은 게 뭐냐고 물으면 조금도 망설임 없이 '피자'라고 대답한다. 6년 전에 처음 왔을 때도 그랬고 이번에도 역시 그랬다.

솔직히 나는 피자를 그다지 좋아하지 않는다. 한국에서도 피자를 내가 원해서 사 먹은 기억이 없다. 아이들이 원하거나 다른 사람들이 시키면 덩달아 같이 먹는 정도이다.

그럼에도 몽골에 있을 동안에는 피자를 좋아하기로 했다. 지난주 토요일에는 몽골 SFC 청년들과 피자를 배불리 먹었고, 오늘은 신학교 학생들과 교직원들과 함께 피자로 배를  채웠다. 솔직히 몽골 피자는 한국 피자보다 맛이 없다. 그래도 아주 맛있다고 스스로를 세뇌시키며 맛있게 먹는다.

지난주 SFC 청년들에게는 '피자 목사'로 불렸는데, 이러다 신학생들에게는 '피자 교수'로 불리게 생겼다. 어쨌든 몽골에 오면 무조건 피자를 풍성하게 대접해야겠다는 생각이 든다. 내년에는 좀 더 맛있는 피자로 시켰으면 좋겠다.

테를지 동물들과 놀기 (2023.9.13. 수 17:00)

오늘은 신학교 강의를 마치자마자 선교사님과 테를지 국립공원에 왔다. 이곳은 울란바토르에서 좀 떨어져 있어 그런지 공기가 차원이 다르다. 정말이지 숨통이 확 트인다.

매년 방문하는 곳이지만 올 때마다 새롭고 설렌다. 오늘은 테를지 동물들과 좀 어울려 보기로 했다. 어릴 적 우리 집이 동물농장이라서 그런지 동물들을 보면 마음이 푸근해진다. 특히 개를 정말 많이 키웠다.

개장수 아들 출신을 알아보는지 웬 개 한 마리가 다가왔다. 털을 보아하니 나이가 좀 들어 보인다. 나처럼 개농장에서 오래 일해 본 사람은 개의 털 상태만 봐도 대략 나이를 짐작한다.

그런데 개보다도 낙타가 눈에 들어왔다. 다리를 접고 앉아 있는데 얼른 올라타라는 몸짓으로 보였다. 선교사님의 권유로 나는 낙타를 타고 시승(?)을 좀 했다. 예전에 이곳에서 말을 타다가 특이하게도 '말 멀미'를 한 적이 있어 혹시나 낙타도 그럴까 싶었는데 다행히 아무렇지도 않았다.

낙타를 타고 나니까 이번에는 독수리가 기다리고 있었다. 지난번에 봤던 그 독수리인 것 같기도 하고 확실히 잘 모르겠다. 날아가지 못하도록 다리에 밧줄이 묶여 있다. 사나워야 하는 독수리가 뭔가 모르게 애처롭게 보여 둘이 함께 기념사진을 찍었다.

홀로 서 있는 나무 (2023.9.13. 수 18:00)

테를지의 광활한 언덕에 나무 한 그루가 홀로 서 있다. 좀 떨어진 주변에 나무들이 울창하게 늘어 서 있는데도 이 나무는 그냥 홀로 서 있다. 주변의 나무들과 어울려 있기보다 홀로 있기를 선택이라도 했듯이.

하지만 내 눈에는 이 나무가 전혀 외롭지 않았다. 오히려 행인들에게 자기처럼 홀로 있어 보라고 소리 없는 아우성을 질렀다. 이 나무가 외롭기는커녕 한없이 자유로워 보였다.

나는 본능적으로 나무에게 이끌렸다. 선교사님께 차를 좀 세워 달라고 하고는 나무에게로 달려갔다. 왜 이제 왔냐고 나에게 속삭이는 듯했다. 너랑 나랑 같은 처지가 아니냐며 반기는 듯했다.

잠시나마 나는 나무와 교감을 나누었다. 손을 얹고 나무의 몸을 느껴보며, 고개를 들어 나무의 생김새를 찬찬히 관찰했다. 다음에 또 찾아오려면 기억을 해야 하니까. 그때까지도 홀로 꿋꿋하게 이곳에 있겠지.

"너희가 먹을 것을 주라" (2023.9.14. 목 09:00)

선교지 신학교에 올 때마다 한국 과자를 잔뜩 사 들고 온다. 몽골이든 필리핀이든 어디든지 그렇게 한다. 한류 열풍이 심해서인지 현지인들이 한국 과자나 한국 음식을 정말 좋아한다.

이번에도 월요일 첫 수업부터 한국 간식을 함께 나누었다. 첫 대면에 서로 마음을 여는 방법으로 최고인 것 같다. 맛있는 간식을 함께 먹으며 복음 안에서 친밀감을 잠시라도 누리고 나서 강의를 시작하는 게 지금까지 나의 노하우이다.

더구나 매일 아침 시험을 치고 나서 정성스럽게 간식을 나눈다. 선교사님 말씀으로는 여태껏 이런 강사는 처음 봤다고 하는데, 나는 처음 올 때부터 그렇게 해서 그런지 특별하다는 생각이 전혀 안 든다. 그저 신학생들을 섬기고 싶은 마음뿐이다.

예수님이 제자들에게 말씀하시지 않았는가. "너희가 먹을 것을 주라"(눅 9:13). 선교지에 올 때마다 이 말씀을 나한테 적용한다. 신학생들에게 말씀과 교리를 가르치는 젊은 강사에게 주시는 그분의 말씀이다. 그래서 오늘 아침에도 나는 주님의 심정으로 정성스럽게 시리얼과 과자를 나누고 있다.

장애인 사역에 힘쓰신 만학도 (2023.9.14. 목 15:10)

오후 수업 중에 잠시 쉬는 시간을 가졌다. 맨 앞에 있던 만학도께서 자신의 이전 사역을 나누고 싶어 하셔서 통역자를 통해 강사와 대화를 나누었다. 어제 내 강의 중에 장애인 사역 관련해서 언급한 내용이 인상적이었나 보다.

(참고로, 나는 어릴 때부터 장애인 친구들이 주변에 늘 있었다. 그래서인지 사역자가 된 이후로도 장애인 부서를 맡기도 했고 개인적으로도 그분들과 교제를 나눈다.)

이 여성 만학도는 얼마 전까지 장애인 사역에 헌신하셨다. 강사에게 사진을 보여 주려고 멀리 떨어진 집에서 오늘 아침에 사진 뭉치를 들고 오셨다. 이분이 바로 그저께 언급한 왕복 140km의 주인공이다.

당신이 사는 지역에는 장애인들이 정말 많이 산다고 한다. 왜 그런지 모르겠지만 부모들이 광산에서 힘들게 일하고 먹는 음식과 건강관리에 신경을 안 써서 그런지 자녀들이 태어나면 장애가 많이 생긴다고 한다.

사진 속 당신의 모습이 참 숭고하고 아름다워 보인다. 장애 아이를 품고 기도하는 모습, 숟가락으로 아이에게 밥을 떠 먹이는 모습, 갓난아기를 품에 앉고 미음(?)을 아기의 입에 떠  넣는 모습, 누워 있는 아이에게 사랑을 쏟는 모습⋯⋯. 장애인과 비장애인의 구별이 사라지고 그리스도의 사랑만이 충만해진 모습이다!

몽골 땅에 이런 현지인 사역자가 있다는 게 정말 놀랍다. 앞으로 몽골 교회의 영적 어머니로 더욱 거듭나시길 간절히 소망한다.

강의를 더 듣겠다는 항의(?) (2023.9.15. 금 09:00)

드디어 마지막 날이 되었다. 매년 집중강의 분위기를 볼 때 마지막 날 수업은 보통 오전으로 끝낸다. 선교사님이 강사들의 체력과 곧 시작되는 한국 일정을 고려해서 그렇게 하도록 종용하신다. 아니나 다를까 이번에도 선교사님이 그렇게 하는 게 어떻겠냐고 말씀하셨다.

안 그래도 살짝 피곤해지는 상태여서 마지막 수업 시작에 학생들의 의중을 물었다. 오전에 최대한 집중해서 도르트 신조 강의를 마치고 오후에 다들 일찍 가는 게 어떻겠냐고 말이다. 나는 당연히 환호성을 지르며 감사하다는 말을 할 줄 알았다.

그런데 이게 어찌된 일인지 학생들의 표정이 일그러졌다. 내 강의를 오후까지 계속 듣고 싶다고 항의(?)를 했다. 순간 무지하게 당황해서 통역사를 쳐다보며 어찌할지 고민하고 있었다. 학생들에게 다시 한 번 물었다. 강사를 생각해서 일부러 그런 말을 하는 거면 정말 안 그래도 되니까 그냥 솔직하게 말을 하라고 했다.

역시 이번에도 같은 대답이었다. 오히려 강의 내용 중에 궁금한 걸 질문하는 시간을 오후에 가지자고 했다. 신기하게도 학생들의 집요한 요구에 피곤한 몸이 갑자기 상쾌해졌다. 학생들의 그런 반응이 강사에게 최고의 뿌듯함과 행복감을 주는가 보다.

지난 6년 동안 이 신학교를 섬기면서 이런 클래스는 정말 처음이다. 신학생들의 열정이 정말 대단하다. 강사의 자질이 부족해도 준비된 학생을 만나면 이렇게 되나 보다. 오후까지 최선을 다해 강의를 해야겠다.

하나님 나라에 반응하는 신학생들 (2023.9.15. 금 15:20)

오전에 학생들의 열화와 같은 성원에 힘입어 오후에도 열강을 했다. 점심을 먹고 나서 다들 살짝 피곤해진 상태지만 고도의 집중력을 발휘하고 있었다. 도르트 신조의 마지막 다섯 번째 교리를 찬찬히 다루었다.

드디어 도르트 신조를 끝까지 마무리했다. 오전에 약속한 대로 질문거리가 있으면 받겠다고 하니까 기다렸다는 듯이 어떤 학생이 손을 들었다. 강의 중에 자주 언급한 '하나님 나라'에 대해 좀 더 설명해 달라고 했다. 수업 시간이 얼마 남지 않아 좀 망설였지만, 그럼에도 하나님 나라를 핵심적으로 설명해 주었다.

학생들의 표정이 점점 진지해지기 시작했다. 하나님 나라가 막연한 곳이 아니라 지금 우리 일상과 맞닿아 있는 생생한 실재로 인식하는 것 같았다. 장차 임할 하나님 나라를 소망하며 복음을 위한 고난에 동참하자고 권면했다. 무엇보다 교회의 영광스러움을 깨닫는 것 같았다. 지상의 교회는 하나님 나라(천국)를 보여 주는 종말론적 공동체임을 역설했다.

그렇기 때문에 주님이 재림하시기 전까지 다 함께 복음 사역에 힘쓰자고 도전했다. 도르트 신조 강의가 하나님 나라로 막을 내릴지 전혀 예상하지 못했다. 사실 예정과 관련된 구원론 역시 하나님 나라의 거대 담론에서 이해되어야 한다. 그렇지 않으면 개인 구원에만 치중한 나머지 하나님의 우주적인 비전을 놓쳐 버릴 수 있다.

정말이지 이번 집중강의는 강사와 학생 모두가 복음의 깊은 교제를 나누는 시간이었다. 하나님 나라의 동역자로서 한 주 동안 서로가 정이 많이 들었다. 뭔가 아쉬운 것 같아 강의를 마치고도 한동안 교제를 나누며 사진도 여러 장 찍었다. 내년에 다시 올 때까지 부디 몸 건강히 공부와 사역에 힘쓰고 계시길.

한국행 비행기를 기다리며 (2023.9.16. 토 00:00)

여기는 징기즈칸 국제공항. 출국 수속을 마치고 한국행 비행기를 기다리고 있다. 지난주 금요일에 왔는데 방금 자정이 지났으니 벌써 토요일이다. 8박 9일이 이렇게 빨리 지날 줄이야.

이번 몽골 방문도 정말 좋았다. 마음껏 사역하면서도 심신이 힐링되는 시간이었다. 한국에 있으면 밀려오는 일정 때문에 정신이 없는데 선교지에 오면 오히려 안식과 여유가 있다.

물론 날마다 하루 종일 진행되는 강의 사역도 만만치 않다. 그럼에도 몽골에서는 신학교 강의와 현지인 교회 설교 및 SFC 특강만 신경 쓰면 되니까 한국에 있을 때보다는 상대적으로 여유롭다.

무엇보다 이번에는 신학생들과 복음의 교제를 풍성하게 나눌 수 있어서 참 행복했다. 딱딱한(?) 도르트 신조를 강의하면서 하나님의 예정과 우리의 구원이 얼마나 신비롭고 위대한 것인지를 함께 공부했다. 신조의 복잡한 내용을 정말 쉬운 언어로 강의해서 그런지 신학생들의 반응이 참 좋았다.

공항 벤치에 앉아 몽골 땅에 하나님 나라가 임하기를 잠시나마 기도한다. 이미 몽골의 사역자들을 통해 주께서 하나님 나라를 진행시키고 계신다. 우리 눈에는 몽골의 교회들이 미약해 보이지만, 하나님은 이곳에서도 바알에게 무릎 꿇지 않는 주의 종들을 통해 천국 공동체를 세워가고 계신다.

내년에 다시 오면 도르트 신조 수강생들이 어떻게 변해 있을까. 말씀과 성령으로 더욱 충만해진 사명자로 거듭나 있겠지. 벌써부터 내년 방문이 기다려진다.

좌충우돌 선교지 방문기

에필로그

　이제 『좌충우돌 선교지 방문기』를 마쳤다. 책의 제목에서 알 수 있듯이, 좌충우돌한 나의 경험이 고스란히 글 속에 녹아 있다. 6년 전에 기록한 글을 보면 그야말로 '좌충우돌 선교지원 사역자'의 모습이었다. 선교지가 어떤 곳인지도 모르고 무작정 가서 선교사들의 사역에 힘을 보태려고 했다.

　여전히 부족하지만 이제는 나름대로 선교지 방문의 노하우가 생긴 것 같다. 특히 선교지 신학교 사역에 어떻게 협력해야 할지 약간의 감각을 익힌 것 같다. 앞으로는 더 많은 사역자들이 선교지 신학교에 눈을 돌리도록 독려하고 싶다. 감사하게도 나처럼 순회 교수 선교사로 헌신하려는 분들이 생겨나고 있다. 이제 이분들과 함께 어떻게 하면 구체적으로 선교지를 섬길지 고민해 봐야겠다.

　"목사가 곧 교회"라는 말이 있다. 교회의 수준이 목양하는 목사에게 달려 있다는 의미이다. 그만큼 목사 한 명이 그 교회에 지대한 영향을 미친다는 것이다. 선교지를 방문할 때마다 그 말이 자주 생각난다. 많은 선교지들이 거의 '춘추전국시대'를 방불케 한다. 어디서 어떻게 신학 교육을 받은 지도 모르는 사역자들이 저마다 교회를 개척하고 있다. 사람들이 모여 들지만 그런 목사(?)에게 양육 받는 교회는 얼마 지나지 않아 이상하게 변해 간다. 제대로 된 신학 교육과 영적 훈련이 그들에게 없었기 때문이다.

따라서 우리는 전 세계를 품고 선교지 곳곳에 바른 신학 교육이 이루어지도록 힘을 모아야 한다. 선교사 한두 명이 신학교 사역에 힘쓰고 우리는 그저 지켜보며 응원하는 수준에서 벗어나야 한다. 학위 사역자들의 실제적인 헌신과 많은 성도들의 기도와 물질 후원으로 선교지 신학교들이 굳건해지도록 힘써야 한다. 수많은 선교사들을 통해 한국 교회에 잘 전수된 신학 지식을, 이제는 우리가 빚진 마음으로 여러 선교지에 전수되도록 함께 뜻을 모아야 한다. 그리하면 전 세계의 모든 교회들이 하나님을 아는 지식에서 올바로 자라가며 다 같이 하나님 나라를 온전히 꿈꿀 수 있을 것이다.